ERICA BÄNZIGER

MICHEL BRANCUCCI

DAS KÜRBIS-KOCHBUCH

FONA

Zweite Auflage 2004
Einführung und Rezepte sind dem Buch
«Das grosse Buch vom Kürbis»
ISBN 3-03780-152-2, entnommen.

Gestaltung Inhalt: aubergine, Heidy Schuppisser, Ennetbaden
Cover: Dora Eichenberger-Hirter, Birrwil
Foodbilder: Andreas Thumm, Freiburg i. Br.
Bilder Einführungsteil und Cover: Michel Brancucci und
Severino Dahint, Naturhistorisches Museum, Basel;
Seiten 10/11: Dietz Fotografen, Merlischachen, www.dietz.ch
Lithos: Neue Schwitter AG, Allschwil
Druck und Bindung: Stalling, Oldenburg

ISBN 3-03780-149-2

INHALT

Die Rezepte sind für 4 Personen berechnet.

VORWORT

Als die Speisekürbisse durch den Kolonialismus von Amerika nach Europa gelangten, wurden sie hier zwar angenommen, fanden aber keinen großen Anklang. Sie wurden mehr oder weniger verachtet und nur in schwierigen Zeiten angebaut, etwa in Kriegszeiten. Gleichzeitig wurden sie auf anderen Kontinenten gepflegt und aktiv gezüchtet, zum Beispiel in den USA, in Japan, Südamerika, Australien oder Südafrika.

In den letzten Jahren haben die Kürbisse bei uns an Popularität gewonnen. Auch wir Europäer schätzen nun ihre vielseitige Verwendbarkeit, sei es als Nahrungs- und Heilmittel, zum Herstellen von Musikinstrumenten und Werkzeugen, für Dekorationen, zum Aushöhlen und Schnitzen usw.

Kürbisse fallen in verschiedener Hinsicht auf: Es ist ihre Vielfalt in Form, Gewicht und Farbe. Die Früchte können weiß, gelb, orange, rosa, rot, grün, grau usw. sein, einmal sind sie einfarbig, dann gestreift oder gesprenkelt. Die kleinsten Früchte wiegen weniger als 100 g, die größten bringen knapp 500 Kilogramm auf die Waage! Einmal ist der Kürbis kugelrund, dann birnen-, flaschen-, schlangen-, kreiselförmig usw.

Das Aufziehen und Züchten von Kürbispflanzen ist für jeden Naturliebhaber ein Vergnügen. Kürbisse sind nämlich dankbare Gewächse: sie sind schnell wachsend, gedeihen ohne Schwierigkeiten und bereiten somit der/dem unerfahrenen wie auch der/dem erfahrenen Gärtnerin/Gärtner viel Freude.

Mit diesem Buch möchten wir unsere Begeisterung und unsere Freude für die Riesenbeere mit allen Kürbisfans teilen, im Garten, in der Küche und überall dort, wo sie unser Auge erfreut.

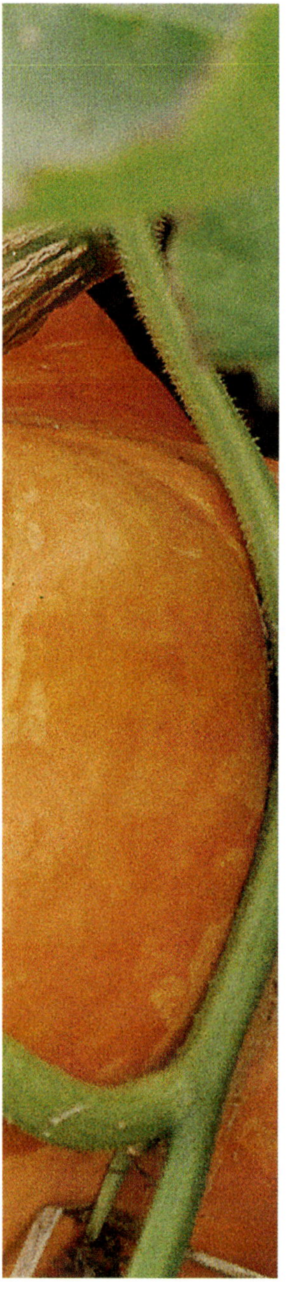

Als Speisekürbisse werden alle genießbaren Arten der Gattung *Cucurbita* bezeichnet. Dazu gehören: *C. pepo* (Gartenkürbis), *C. maxima* (Riesenkürbis), *C. moschata* (Moschuskürbis), *C. ficifolia* (Feigenblattkürbis) und *C. argyrosperma* (Ayote). Auch alle sogenannten «Sommerkürbisse» wie Zucchetti/Zucchini und Patissons gehören dieser Familie an. Sie werden jedoch im Unterschied zu den anderen Kürbissen unreif geerntet.

WELCHER BEGRIFF WOFÜR?

Citrouilles, Pumpkins, Kürbis... Vor allem im Französischen und im Englischen herrscht eine große Verwirrung bezüglich Kürbis-Bezeichnungen.

Die Amerikaner unterscheiden zwischen «pumpkins», «summer squashes» und «winter squashes». Der Begriff «pumpkin» ist keine botanische Klassierung, er wurde als Sammelbegriff der für Halloween geeigneten Kürbisse geschaffen. In vielen amerikanischen Katalogen findet man unter der Bezeichnung «pumpkin» Gartenkürbisse (z. B. Aspen, Frosty), Riesenkürbisse (z. B. Lumina, Atlantic Giant) oder Moschuskürbisse (z. B. Buckskin). «Pumpkin» stammt aus dem altenglischen Wort «pompion», das dem griechischen «pepon» entspringt, und ist nichts anderes als eine «große, runde Melone». Das Wort «squash» hingegen finden wir bei den Ureinwohnern Amerikas: «askutasquash» bedeutet «roh essen». «Summer squash» umfasst diejenigen Früchte, die unreif gegessen werden können, z. B. Zucchini und Patissons. Alle anderen Kürbisse zählen im englischen Sprachgebrauch zu den «winter squashes». «Scallop» ist das englische Wort für Patisson und «marrow» für Zucchini. Das englische Wort «gourds» ist der Sammelbegriff für alle Kürbis-Gewächse einschließlich der Kürbisse. Oft wird das Wort aber auch für die Kürbisse verwendet, die in den Hauptgruppen nicht vorkommen, z. B. für den Flaschenkürbis, den Schwammkürbis, die Wachsgurke usw. Der südamerikanische Kürbisbaum *(Crescentia cujete)*, aus dessem Früchten hauptsächlich Rasseln hergestellt werden, ist kein Kürbisgewächs. Er gehört zur Familie der Bignoniaceae.

Auch im Französischen werden verschiedene Begriffe verwendet, die irreführend sein können. Grundsätzlich wird zwischen «courge» (Kürbis), «courgette» (Zucchini)

und «pâtisson» (Bischofsmütze) unterschieden. Die immer wieder auftauchende Bezeichnung «citrouilles» wird für Riesenkürbisse gebraucht und kommt vor allem in lyrischen Texten oder in Märchen vor. Große Kürbisse werden «potiron» genannt. Der Ursprung von «potiron» ist umstritten. Mit größter Wahrscheinlichkeit setzt er sich aus dem französischen Wort «groß» und «rund» zusammen. Das Wort «giraumon», das oft falsch verwendet wird, bezeichnet eigentlich nur den Turk's Turban. Es kommt aus dem französischen «girer = tourner».

Auch im Deutschen hat die Bezeichnung «Kürbis» eine lange Geschichte, die schon vor dem Einstand der Speisekürbisse in Europa begonnen hat. Im Althochdeutschen gab es bereits das Wort «churpiz», offensichtlich abgeleitet vom lateinischen «cucurbita», später wird «Kürbse» verwendet, dann «dass Kürbiss» im Mittelhochdeutschen und schließlich «der Kürbis». Ursprünglich wurde das Wort für Flaschenkürbisse verwendet. Als dann die Speisekürbisse aus der Neuen Welt kamen, nannte man sie ebenfalls Kürbis. So kommt es, dass heute das gleiche Wort für verschiedene Früchte verwendet wird.

ANBAU

Platzbedarf Kürbispflanzen sind bezüglich Platzbedarf recht anspruchsvoll. Wenn man ihnen den notwendigen Raum zur Verfügung stellt, werden sich nicht nur das Blattwerk und die Wurzeln optimal entwickeln, man darf auch mit einer guten Ernte rechnen. Bei weniger Platz wird die Pflanze weniger oder kleinere Früchte produzieren.

Standort Die Kürbispflanzen lieben einen sonnigen Platz. Im Halbschatten oder Schatten verkümmern sie und produzieren vor allem Blätter und Blüten und im besten Fall kleine Früchte, die meistens abfallen.

Boden Die Kürbispflanzen fühlen sich in humusreicher Erde am wohlsten. Ideal ist ein Hügel aus Komposterde. Oder man verteilt etwas Kompost breitflächig auf den Boden, da die Pflanzen an fast allen Knoten zusätzliche Triebe bilden, die sehr lang werden können und entsprechend weit kriechen und Wurzeln schlagen. Dass die Kürbisse nur auf Kompost- oder Misthaufen wachsen, gehört schon lang ins

Reich der Märchen. Richtig ist wohl eher, dass bis anhin niemand bereit war, ihnen mehr Raum zu geben oder ihnen einen nobleren Ort zur Verfügung zu stellen. Auch wird immer noch geglaubt, dass Kürbisse für ihr Wachstum viel Wasser brauchen. Sie kommen im Gegenteil mit wenig Wasser aus. Zu viel Wasser und Staunässe fördern die Wurzelfäulnis. Etwas anders verhält es sich bei der Züchtung von Rekordgrößen: hier muss regelmäßig gegossen werden. Kürbisse sind zwar keine stark stickstoffzehrenden Pflanzen wie etwa Blumenkohl, sie brauchen aber viel Kalium, Phosphor und diverse andere Mineralstoffe. Aus diesem Grund den Standort alle 2 bis 3 Jahre wechseln.

AUSSAAT

Die Keimzeit hängt von der Qualität des Samens und der Sorte ab. In der Regel brauchen die Samen 1 bis 2 Tage, bis sie sich öffnen und kleine Wurzeln bilden. Bei älteren Samen kann dies 7 Tage dauern. Und es vergehen weitere 3 bis 5 Tage, bis die Keimblätter stoßen. Die Keimfähigkeit lässt sich leicht testen: man legt die Samen 6 bis 7 Stunden in kaltes Wasser. Samen, die an die Oberfläche steigen, sind keimfähig.

Die Kürbissamen können ohne weiteres direkt in die Erde gesteckt werden. Das hat gewisse Nachteile: Die Vögel lieben die Samen, die Schnecken die Jungpflanzen. Aus diesem Grund ist das Vorziehen in Töpfen idealer. Und das hat wiederum den Nachteil, dass durch das Umpflanzen die Setzlinge in eine Stresssituation versetzt werden und es dadurch zu einem Wachstumsunterbruch von 7 bis 10 Tagen kommt.

Vorkultur in Plastik-, Ton- oder Torftopf Etwa 4 Wochen vor dem Pflanzen ins Freiland, also Ende April, kann man in Plastik-, Ton- oder Torftöpfen (mindestens 7 cm x 7 cm) Vorkulturen ziehen. Dazu eignet sich Aussaaterde, die reich an Humus ist und mit etwas Sand gelockert wird. Auf jeden Topf kommen 2 bis 3 Samen, die mit etwa 15 mm Erde bedeckt werden. Die Saat nur mäßig wässern, damit sie nicht zu faulen beginnt. Die Töpfe an einem warmen (20 bis 25 °C) und nach Möglichkeit hellen Ort aufstellen, z. B. in der Nähe des Fensters/auf einem Fenstersims. Sobald die Samen zu keimen beginnen, sollten die Töpfe an einen kühleren, aber gut belichteten Ort gebracht werden, um zu

verhindern, dass die Setzlinge zu stark in die Länge wachsen. Nur die kräftigsten Sprossen werden weitergezogen.

Wenn kein Frost mehr zu befürchten ist – nach den Eisheiligen (Mitte Mai) –, können die Pflänzchen ins Freie gesetzt werden. Sie sollten nun kräftig genug sein und nebst den Keimblättern 2 bis 3 Blätter haben. Ältere Pflanzen erleiden durch das Umpflanzen einen zu großen Wachstumsunterbruch. Außerdem sind sie anfälliger gegen Trockenheit, da die in diesem Stadium mit der Erde bereits verfilzten Wurzeln verletzt werden und wieder neu gebildet werden müssen (weniger Wurzeln = schlechtere Versorgung der Pflanze mit Wasser). Bodenbeschaffenheit: siehe Boden, Seite 12. Die Pflänzchen dürfen tief in die Erde eingegraben werden; der ganze Stängel bildet unterhalb der Keimblätter neue Wurzeln. Beim Pflanzen ist genügend Abstand einzuhalten; ideal sind 2–3 m^2. Wenn man den Pflanzen den beanspruchten Raum nicht zur Verfügung stellt, werden sie weniger und kleinere Früchte produzieren.

Kultur auf Plastik- und Papierfolien Mit dieser Methode gewinnt man bis zu einem Monat und spart zudem Wasser und unterbindet das Aufkommen von Unkraut. Die Folien auf den Boden legen und den Rand mit Erde beschweren. In regelmäßigen Abständen 15 cm große Löcher schneiden, in welche die Setzlinge gepflanzt werden. Die Folie mit zusätzlichen kleinen Löchern versehen, damit das Wasser versickern kann.

Kultur auf Gitter Speisekürbisse sind mehrheitlich rankende Pflanzen, die nicht gerne klettern. Eine Ausnahme bilden zum Beispiel die Rondini. Die Feigenblattkürbisse klettern zwar auch, aber wegen ihrer enorm langen Ranken sind sie dazu weniger geeignet. Gute Kletterer sind viele Zierkürbisse, speziell die Lagenaria-Züchtungen (Pinguin, Marenka usw.).

Aussaat ins Freie Viele Kürbis-Großproduzenten säen direkt ins Feld. Die Vorteile liegen auf der Hand: kein Umpflanzen, kein Ausdünnen und damit ein großer Zeitgewinn. Die Keimlinge werden im Frühling jedoch gewissen Risiken ausgesetzt, etwa Frostgefahr oder starke und anhaltende Regenfälle. So kann der Schaden eines leichten Frosts in Grenzen gehalten werden: Samen unterschiedlich tief pflanzen und zeitlich staffeln. Sollten die weniger tief liegenden Samen erfrieren, können immer noch die tiefer liegenden keimen. Wenn alle überleben, wird es eine gestaffelte Ernte geben.

Kultur unter Folie Wenn sich die Pflanzen rasch entwickeln sollen, aber auch für Spätsorten, ist es von Vorteil, die Samen bereits Anfang April unter einer Plastikfolie auszusäen. Sobald die Temperaturen steigen und die Frostgefahr gebannt ist, sollte die Folie unmittelbar nach dem Keimen entfernt werden.

Mondphase beachten Ungeachtet der gewählten Methode hat die Erfahrung gezeigt, dass die besten Ernteergebnisse erwartet werden dürfen, wenn die Samen 2 bis 3 Tage vor dem Vollmond ausgesät werden.

Töpfe beschriften Um die Sorten später auseinander halten zu können, sind die einzelnen Töpfe mit wasserfestem und lichtechtem Filzstift zu beschriften. Etiketten haben sich nicht bewährt, da sie häufig von Vögeln weggepickt werden.

Mischkultur – die idealen Drillinge Kürbisse vertragen sich im allgemeinen gut mit anderen Pflanzen. In Mexiko werden sie oft zusammen mit Bohnen und Mais angepflanzt. In dieser Pflanzengemeinschaft ist für alle gut gesorgt: die Kürbisse breiten sich auf der Erde aus. Der Mais wächst in die Höhe und dient den Bohnen als Kletterstange. Auch in der Erde ergänzen sie sich ideal. Die Maiswurzeln brauchen wenig Raum, sodass sich die Kürbiswurzeln breit machen können. Die Bohnenwurzeln speichern Stickstoff und geben diesen nach der Ernte dem Boden wieder zurück: eine willkommene Stickstoffspritze für Kürbis und Mais!

DIE PFLANZENPFLEGE

Jäten leicht gemacht Solange die Pflanzen noch klein sind, kann das Unkraut mit einem geeigneten Gartengerät entfernt werden. Bei größeren Pflanzen muss von Hand gejätet werden, zum Schutz der flachen Wurzeln. Als Bodendecker eignet sich getrocknetes Gras, das einesteils einen Wasserverlust verhindert und andernteils das Wachstum von Unkraut unterbindet. Stroh eignet sich nicht, da es für seinen Abbau dem Boden Stickstoff entzieht.

Wässern ja, aber mit Maß Die Pflanzen regelmäßig gießen, damit sie kontinuierlich wachsen können und es zu keinem Wachstumsstillstand kommt. Direkt am Wurzelstock gießen und nicht über die Blätter; sie sind anfällig auf Mehltau. Am besten wird gestandenes Wasser verwendet, je nach Bodenbeschaffenheit ca. 2 Liter pro Pflanze/Tag. Bei manchen Böden, z. B. einem Lössboden, muss nicht so häufig gewässert werden.

Wohltuender Dünger Kürbisse lieben humusreiche Erde; siehe Seite 12. Das Wachstum kann zusätzlich gefördert und das Blattwerk vor Krankheiten geschützt werden, wenn man diverse in Wasser gelöste Stoffe am Morgen bei noch nicht allzu hoher Lufttemperatur auf die Blätter spritzt. Infrage kommen Präparate aus Kalkalgen oder anorganische Dünger wie Kalziumnitrate, später Kaliumnitrate.

Häufige Krankheiten Kürbisse sind robuste Pflanzen, und doch gibt es Krankheiten, welche die Freude des Kürbiszüchters trüben können.

- Wenn die Samen in einen zu nährstoffreichen Boden oder in einen zu feuchten Kompost gesetzt werden, keimen sie schlecht und verfaulen.
- Ein nasskalter Frühling kann für frisch gepflanzte Setzlinge den Tod bedeuten.
- Bei extensiven Kulturen ist es von Vorteil, die Reihen durch andere Pflanzen zu trennen und in der Zusammensetzung der Kulturen zu alternieren, um Viruskrankheiten vorzubeugen. Bei Virusbefall bekommen die Blätter Flecken, verkümmern und sterben bald ab. Bereits bei ersten Anzeichen sollten die befallenen Stellen sofort entfernt werden.
- Im Herbst, wenn die Temperaturen sinken und die Luftfeuchtigkeit steigt, sind die Blätter auf Mehltau anfällig. Um einen Befall möglichst lang hinauszuzögern, sollten die Blätter nicht mit Wasser bespritzt werden. In der Regel befällt der Mehltau diejenigen Pflanzen, die im Herbst am Ende ihres Zyklus stehen und nicht solche, die zu diesem Zeitpunkt noch voll im Wachstum sind, wie etwa die Moschuskürbisse. Den Mehltau kann man mit einem Schwefelpulver oder anderen natürlichen Präparaten (Fenchelöl, Algenkalkmehl, Sojalecithin) behandeln.

■ Eher selten wird ein Wurzelstock von einem Pilz befallen, der dadurch geschwächt wird und später abstirbt.

Ungeliebte Parasiten

■ *Schwarze Blattläuse (Aphis fabae):* Die kleinen Blattläuse befallen vor allem die Blätter, sie stechen sie an und saugen den Saft heraus. Nebst den handelsüblichen Insektiziden gibt es auch biologische Methoden, um den Tieren den Garaus zu machen. Es können zum Beispiel Substanzen auf pflanzlicher Basis wie etwa Pyrethroide eingesetzt werden. Eine altbewährte Methode ist das Spritzen mit einer schwachen Seifenlösung (man nimmt 200 g Seife auf 10 Liter Wasser). Auch die Brennnesseljauche bringt gute Resultate. Dazu werden 1,5 kg Brennnesselblätter während 10 Tagen in 10 Liter Wasser eingelegt.

■ *Wurzelblattläuse (pemphigus):* Die kleinen Blasenläuse befallen vor allem die Basis der Pflanze. Behandlung: siehe schwarze Blattläuse.

■ *Weiße Fliegen (Allyrodina):* Die kleinen Homopteren leben in Gruppen auf den Kürbisblättern; sie stechen sie an und saugen den Saft heraus. Sobald sie gestört werden, fliegen sie zu Hunderten davon. Bekämpfung: siehe Blattläuse.

■ *Schnecken:* Eine ganze Kolonie von Schnecken und Nacktschnecken ernährt sich von den Kürbisgewächsen. Zuerst fressen sie die frischen Setzlinge kahl, später die ganze Pflanze. Das Bestäuben der Blätter mit Tabakstaub, Sägemehl oder Asche hält die Tiere fern.

■ *Hase und Kaninchen:* ein Netz schafft Abhilfe.

■ *Kleinsäuger:* Feldmäuse sind unerwünschte Gäste. Häufig können sie sich bis zur Ernte versteckt halten. Dann ist aber die Überraschung groß, wenn die Früchte mit Zahnspuren dekoriert sind. In diesem Fall hält sich der Schaden normalerweise in Grenzen, da die Wunden vernarben und es zu keiner Qualitätseinbusse kommt. Die Nagetiere können aber auch ganze Früchte von unten aushöhlen. Eine wirksame, aber eher unschöne Methode ist das Auslegen von Fallen wie zum Beispiel zur Hälfte mit Wasser gefüllte Büchsen. Die Tiere ertrinken.

Kranke Pflanze
mit Mangelerscheinung

Schnelles Wachstum
der Pflanze

Weibliche Blüte
auf kleinem Fruchtansatz

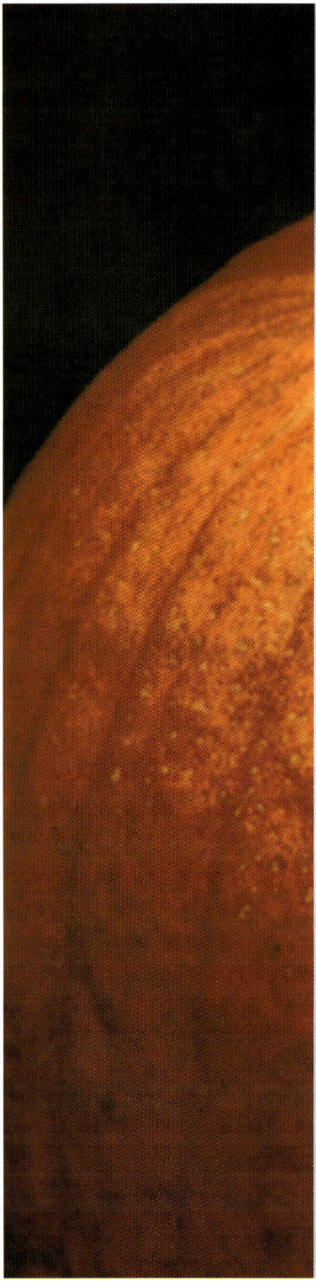

VOM KEIMLING ZUR FRUCHT

Rasantes Wachstum Die große Vitalität und die Kraft der Pflanzen versetzen uns immer wieder ins Staunen. Bei stark rankenden Sorten wachsen die Ranken täglich 15 bis 20 cm oder noch mehr. Schon bald tragen sie Blüten, zuerst die männlichen und ein paar Tage später die weiblichen. Die weiblichen Blüten sitzen auf einem kleinen Fruchtansatz, der bereits in diesem Stadium die Form der endgültigen Frucht hat, etwas länglich, oval oder eher rundlich ist. Die männlichen Blüten verbergen zwischen ihren Blütenblättern 5 breite Staubfäden, die mit großen runden, stacheligen Pollenkörnern bedeckt sind. Sobald die Temperaturen sommerliche Werte erreichen, die Insekten aktiv werden und die Pflanzen pyhsiologisch bereit sind, ist Zeit für die Befruchtung und später für die Fruchtbildung. Bei ungenügender Befruchtung, etwa während einer Schlechtwetterperiode, entwickeln sich die Früchte noch während ein paar Tagen und werden dann plötzlich abgestoßen.

Die Früchte erreichen innerhalb kürzester Zeit ihre endgültige Größe, meist genügen 2 bis 3 Wochen. Da können wir immer wieder staunen, wie aus einem Fruchtansatz von einem Zentimeter Durchmesser innerhalb von vierzehn Tagen eine stattliche Frucht mit einem Durchmesser von 50 cm heranwächst! Dies ist nur deshalb möglich, weil Kürbisse eine Methode entwickelt haben, rasch alle Ressourcen zu mobilisieren. Viele bilden an den Knoten sekundäre Wurzeln, welche die Pflanzen zusätzlich mit Nahrung versorgen.

Reifen – gut Ding will Weile haben Die Reifezeit der Frucht kann sich über Wochen, ja sogar Monate erstrecken. Rein äußerlich verändert sich nur noch die Farbe. Im Fruchtinnern tut sich aber einiges. Das Fruchtfleisch nimmt Farbe an, es wird dunkler und bekommt sein Aroma. Aus der Samenanlage entwickeln sich richtige Samen.

MIT SPANNUNG ERWARTET – DIE ERNTE

Für eine lange Haltbarkeit ist es ist wichtig, dass sich die Früchte nicht kurz vor der Ernte noch mit Wasser volltanken. Am besten durchschneidet man den Hauptstängel 5 bis 10 Tage vor der Ernte, damit das überflüssige Wasser durch die Blätter verdunsten kann.

An den Kürbissen haften oft Erdkrümel, in denen sich Bakterien und Pilze verstecken und die sich bei Schwachstellen auf der Fruchtoberfläche rasch entwickeln. Die Früchte werden deshalb nach der Ernte sorgfältig unter fließendem Wasser gewaschen. Dazu ist ein schöner, sonniger Tag ideal, damit die Früchte innert kürzester Zeit trocknen können. Mit den Früchten behutsam umgehen; Verletzungen verkürzen die Haltbarkeit. Den Kürbis nie am Fruchtstiel tragen, da er leicht abbricht und die Wunde rasch zu faulen beginnt.

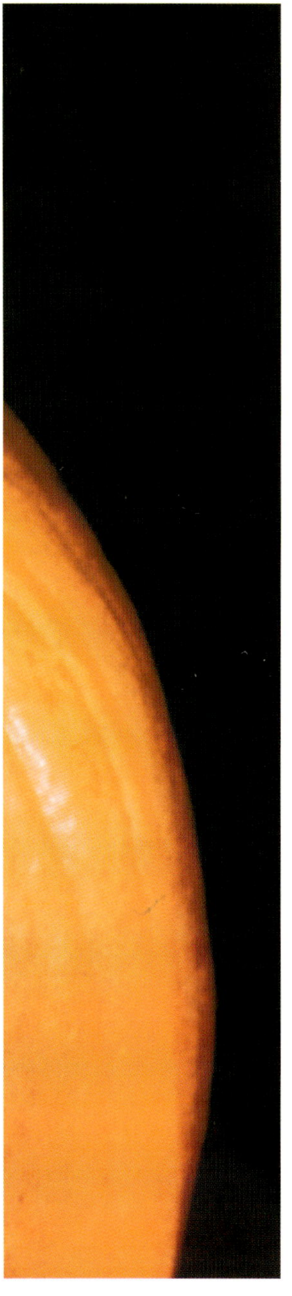

RICHTIG LAGERN

Lagerort Die Früchte sind an einem gut belüfteten und trockenen Ort flach zu lagern. Die optimale Lagertemperatur liegt zwischen 12 und 17 °C. Die Früchte können auch ohne weiteres bei Zimmertemperatur aufbewahrt werden. Sie werden jedoch in diesem Fall früher reif und entsprechend rascher mehlig oder fasrig. Moschuskürbisse müssen in unseren Breitengraden normalerweise nachreifen; da ist Zimmertemperatur zumindest am Anfang von Vorteil.

Nicht selten kann eine Sorte ein Jahr (Butternut) oder gar bis zwei Jahre (Feigenblattkürbis) gelagert werden. Folgende zwei Faktoren beeinflussen die Haltbarkeit: die Hautbeschaffenheit und die in der Frucht enthaltene Substanz, die das Keimen der Samen unterdrückt. Die Wirksamkeit der keimhemmenden Substanz ist von Sorte zu Sorte verschieden und wird durch das Lagern bei allen Sorten abgebaut. So kann ein Kürbis plötzlich in sich zusammenfallen und eine ganze Menge Wasser verlieren oder die Frucht platzt.

Fruchthaut – wichtig für die Lagerung Die Haut ist ein wichtiger Schutz gegen äußere Einwirkungen. Da die Kürbisse nach der Ernte «weiterleben», kann eine oberflächliche Verletzung meistens problemlos vernarben. Vor ein paar Jahren wurde an einer Ausstellung ein 40 kg schwerer «Prizewinner» präsentiert, der nicht nur die Blicke der Besucher magisch auf sich zog. Die Festigkeit der Haut wurde mit Fingernägeln und Schlüsseln ergiebig getestet. Den Veranstaltern bereitete dies zu Beginn große Sorgen. Aber siehe da, der Kürbis reagierte: jede einzelne Verletzung vernarbte innert kürzester Zeit.

KÜRBIS-STECKBRIEFE

1
TABLE-QUEEN

2
SPAGHETTI-KÜRBIS

3
STRIPETTI F 1

4
DELICATA

5
JACK BE LITTLE

6
LITTLE LANTERN

7
FROSTY F 1

8
QUEENSLAND BLUE

9
LUMINA

1 TABLE-QUEEN
Art: Gartenkürbis, Acorn-Sorte
Aussehen: eichelförmig; 10–12 cm x 10–13 cm (D x H), 600–1200 g
Haut: hart, knapp essbar
Fruchtfleisch: cremefarbig bis gelblich; dick, trocken, leicht faserig; süßes, dezentes Haselnussaroma
Reifezeit: 90 Tage
Lagerzeit: 5–7 Monate

2 SPAGHETTI-KÜRBIS
Art: Gartenkürbis
Aussehen: zylindrisch; 13–16 cm x 20–30 cm (D x H), 1,5–3 kg
Haut: hart, undurchlässig, nicht essbar
Fruchtfleisch: hellgelb; lange, spaghetti-ähnliche Fasern; nussähnliches Aroma, vor allem gekocht
Reifezeit: 85 Tage
Lagerzeit: 6–10 Monate

3 STRIPETTI F 1
Art: Gartenkürbis
Aussehen: zylindrisch; 10–15 cm x 15–25 cm (D x H), 1,5–3 kg
Haut: siehe Spaghetti-Kürbis
Fruchtfleisch: siehe Spaghetti-Kürbis
Reifezeit: 90 Tage
Lagerzeit: 6–10 Monate

4 DELICATA
Art: Gartenkürbis
Aussehen: zylindrisch, 6–8 cm x 20 cm (D x H), 400–800 g
Haut: dünn, frisch verwendbar
Fruchtfleisch: cremig-gelb; überreif leicht mehlig, aber von ausgezeichneter Qualität; süßlich, dezentes nussiges Aroma, fruchtig
Reifezeit: 100 Tage
Lagerzeit: 3 Monate

5 JACK BE LITTLE
Art: Gartenkürbis, Mini-Halloween-Kürbis
Aussehen: flachrund, vertiefter Stiel; 7–12 cm x 3–4 cm (D x H), 150–300 g
Haut: dünn
Fruchtfleisch: orange, 1 cm dick, süß, knackig, feines Nuss- und Marroniaroma, leicht mehlig
Reifezeit: 95 Tage
Lagerzeit: 4–8 Monate

6 LITTLE LANTERN
Art: Gartenkürbis, Halloween-Kürbis
Aussehen: fast kugelrund; 10–13 cm x 12–15 cm (D x H), 1–3 kg
Haut: mitteldick
Fruchtfleisch: dick; dunkelorange; leicht schwammig, durchschnittliche Qualität
Reifezeit: 100 Tage
Lagerzeit: 3–5 Monate

7 FROSTY F 1
Art: Gartenkürbis, Halloween-Kürbis
Aussehen: rund, 20–25 cm x 25–30 cm (D x H), 6–10 kg
Haut: mitteldick
Fruchtfleisch: orange; süßes feines Kürbisaroma
Reifezeit: 95 Tage
Lagerzeit: 3–5 Monate

8 QUEENSLAND BLUE
Art: Riesenkürbis
Aussehen: meist flachrund; 18–23 cm x 12–15 cm (D x H), 2–4 kg
Haut: sehr dünn
Fruchtfleisch: gelb; fest, feinkörnig; süß, ausgezeichnete Qualität
Reifezeit: 110–120 Tage
Lagerzeit: 10 Monate

9 LUMINA
Art: Riesenkürbis
Aussehen: rund, etwas abgeflacht; 15–25 cm x 13–20 cm (D x H), 4–6 kg
Haut: dünn, leicht schälbar, essbar
Fruchtfleisch: schmutzig orange bis fast braun; sehr dick und fest; sehr feinkörnig und zart, süß, feiner Marroni-Geschmack
Reifezeit: 120–130 Tage
Lagerzeit: 4–9 Monate

10
CHICAGO WARTED HUBBARD

11
GOLDEN DEILCLOUS

12
MIYAKO F 1

13
RIKYÛ

14
BLUE BANANA

15
TETSUKABUTO F 1

16
HAYATO F 1

17
MUSCADE DE PROVENCE

18
WALTHAM BUTTERNUT

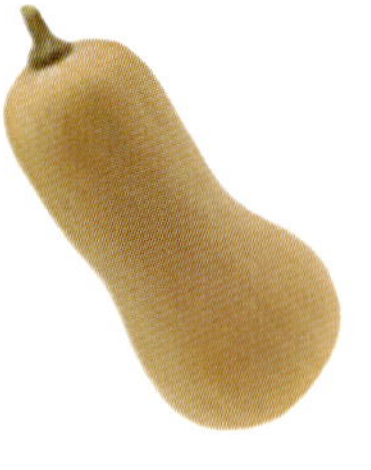

10
CHICAGO WARTED HUBBARD
Art: Riesenkürbis, Hubbard
Aussehen: länglich, an beiden Enden zugespitzt; 20–25 cm x 30 cm (D x H); 5–7 kg
Haut: dick, sehr hart
Fruchtfleisch: dunkelgelb bis orange; fest, dick; feinkörnig, süß, trocken, ausgezeichnete Qualität
Reifezeit: über 110 Tage
Lagerzeit: über 1 Jahr

11
GOLDEN DEILCLOUS
Art: Riesenkürbis
Aussehen: herzförmig, 15–20 cm x 20–30 cm (D x H), 4–8 kg
Haut: dünn und zart, aber kompakt
Fruchtfeisch: dunkelgelb-orange; fest, kompakt, leicht mehlig, ausgewogener Marroni-Geschmack
Reifezeit: 110 Tage
Lagerzeit: bis 4 Monate

12
Miyako F 1
Art: Riesenkürbis, japanischer Cups
Aussehen: flachrund; 14–18 cm x 8–11 cm (D x H); 1–1,8 kg
Haut: dünn
Fruchtfleisch: dunkelgelb; dick, fest; feinkörnig; feiner Marroni-Geschmack, hervorragende Qualität
Reifezeit: 120–130 Tage
Lagerzeit: 4–6 Monate

13
RIKYÛ
Art: Riesenkürbis
Aussehen: flachrund; 13–17 cm x 8–12 cm (D x H); 1–2 kg
Haut: dünn
Fruchtfleisch: gelb-orange; ziemlich dick, fest; feinkörnig, mehlig, süß, feiner Marroni-Geschmack, ausgezeichnete Qualität
Reifezeit: 120–130 Tage
Lagerzeit: 5–8 Monate

14
BLUE BANANA
Art: Riesenkürbis, Banana
Aussehen: walzen- bis bananenförmig; 12–20 cm x 40–70 cm (D x H); 5–15 kg
Haut: dünn und fein, mit Ausnahme der Vernarbungen
Fruchtfleisch: dunkelgelb bis orange; trocken, fest; süß, ausgezeichnete Qualität, feiner Kürbisgeschmack
Reifezeit: 110–120 Tage
Lagerzeit: bis 9 Monate

15
TETSUKABUTO F 1
Art: Riesenkürbis
Aussehen: fast kugelrund, oft auch mehr oder weniger flachrund; 14–19 cm x 10–14 cm (D x H); 1–3 kg
Haut: dünn
Fruchtfleisch: gelb-orange; dick, fest; süß, leichter Marroni- und fruchtiger Kürbisgeschmack
Reifezeit: 120–130 Tage
Lagerzeit: bis 1 Jahr

16
HAYATO F 1
Art: Moschuskürbis
Aussehen: flachrund; 10–15 cm x 7–9 cm (D x H); 700–1200 g
Haut: dünn, verletzlich, braucht nicht geschält zu werden
Fruchtfleisch: gelb-orange; 3 cm dick, fest; feinkömig, süßlich, fruchtig, leichter nussiger Geschmack, hervorragende Qualität
Reifezeit: 120–130 Tage
Lagerzeit: 4–8 Monate

17
MUSCADE DE PROVENCE
Art: Moschuskürbis
Aussehen: flachrund; 25–50 cm x 15–30 cm (D x H); 7–40 kg
Haut: dünn und verletzlich, bei Vollreife lederartig, mehlige Patina
Fruchtfleisch: leuchtend orange; dick, fest, faserig, leicht wässrig; süß, fruchtig-aromatisch, ausgezeichnete Qualität
Reifezeit: 160 Tage
Lagerzeit: 4–8 Monate

18
WALTHAM BUTTERNUT
Art: Moschuskürbis, Butternut
Aussehen: lang gezogene Birne; 8–10 cm x 15–18 cm (D x H); 700–1200 g
Haut: dünn, verletzlich
Fruchtfleisch: orange; fest; süßlich, aromatisch, nussiges Aroma
Reifezeit: 120 Tage
Lagerzeit: 6–12 Monate

Kürbisparfait mit Zimt und Ingwer, Rezept Seite 89

DIE SORTENWAHL

Im Zweifelsfall probiert man den Kürbis am besten roh, dann weiß man rasch, ob er nun wässerig, mehlig oder süßlich ist.

KÜRBIS ROH ESSEN

Es gibt einige Kürbisse, vor allem aus der Familie der Moschuskürbisse, z. B. Muscade de Provence, und zahlreiche Butternuts sowie Delicata, Sweet Dumpling und Acorns, die allesamt sehr gut für Rohkost verwendet werden können.

Am besten entscheiden Sie selber, welcher Kürbis Ihnen auch roh schmeckt, indem Sie beim Aufschneiden von unbekannten Sorten immer ein kleines Stück des Kürbis roh probieren, denn alle Kürbisse sind im Prinzip auch roh essbar, aber nicht unbedingt sehr schmackhaft.

KÜRBIS SCHÄLEN UND ZERKLEINERN

Bei jungen, noch nicht vollständig ausgereiften Kürbissen ist die Haut meist noch nicht so hart und man kann sie je nach Sorte mitkochen, z. B. bei jungen Potimarrons im Herbst.

Aber es gibt auch Kürbisse mit sehr harter Haut wie z. B. alle Hubbards oder die Haut der Moschuskürbisse, die beim Kochen hart bleibt.

Im Zweifelsfall die Kürbisse schälen. Weichschalige Kürbisse lassen sich oft sehr gut mit dem Kartoffelschäler oder mit einem Küchenmesser schälen. Dazu den Kürbis halbieren und in Viertel schneiden. Sehr harte Kürbisse halbiert man am besten mit dem Fleischbeil.

MENGENANGABE

Das Kürbisfleisch wurde für die Rezepte ohne Haut gewogen.

KÜRBISPÜREE

In vielen Rezepten braucht es als Basis Kürbispüree. Besonders festes und trockenes Püree bekommt man von mehligen Kürbissen (siehe Steckbriefe Seiten 20 bis 23). Aber auch aus fast allen anderen Kürbissorten kann Püree zubereitet werden.

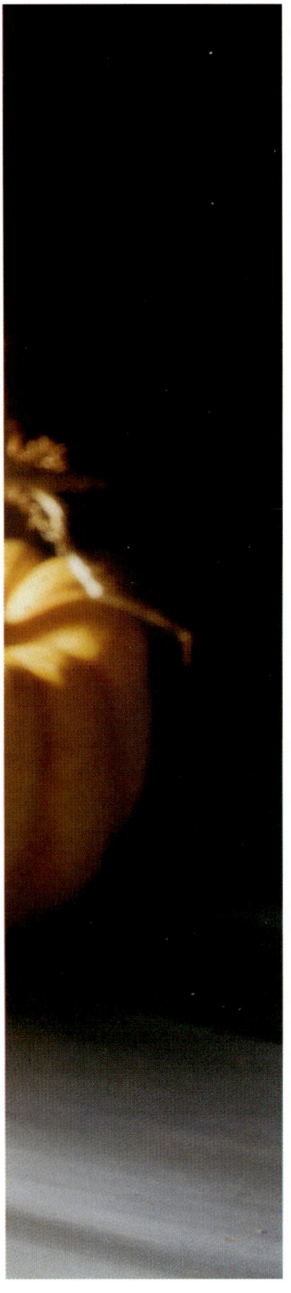

REZEPT I

1 Den Kürbis schälen und entkernen. Das Fruchtfleisch klein würfeln.

2 Die Kürbiswürfelchen am besten in einem Siebeinsatz im Dampf rund 20 Minuten garen, bis das Fruchtfleisch weich ist.

3 Das gegarte Kürbisfleisch entweder durch das Passetout/Passevite drehen oder im Mixerglas oder mit dem Stabmixer fein pürieren. Sehr weiches Kürbisfleisch und kleine Mengen können auch mit der Gabel zerdrückt werden. Bei faserigen Kürbissorten verwendet man am besten das Passetout/Passevite, das die Fasern auffängt.

4 Das Kürbispüree abtropfen lassen. Dazu das Püree in ein feines Sieb (Spitzsieb aus Chromstahl) gießen. Wenn man das Sieb zusätzlich mit einem Gazetuch oder einem Küchentuch auslegt, wird das Püree noch trockener. Je länger man es abtropfen lässt, desto besser. Ideal ist, es über Nacht zum Abtropfen in den Kühlschrank zu stellen. Je nach Kürbissorte erhält man von 100 g Fruchtfleisch 50–80 g Püree.

Tipp Die abgetropfte Flüssigkeit für die Zubereitung von Suppen und Saucen verwenden.

REZEPT II

1 Den Kürbis mit Schale auf einem Backblech im Backofen bei 170 Grad rund 50 Minuten garen, bis er weich ist.

2 Das Fleisch auskratzen und durch das Passetout/Passevite drehen oder im Mixerglas oder mit dem Stabmixer fein pürieren.

3 Wässriges Kürbispüree in einem feinen Sieb (Spitzsieb aus Chromstahl) abtropfen lassen. Wenn man das Sieb zusätzlich mit einem Gazetuch oder Küchentuch auslegt, wird das Püree noch trockener. Siehe auch Rezept I, Punkt 4.

KÜRBISPÜREE KONSERVIEREN

1 Kürbispüree frisch verwenden.

2 Kürbispüree tiefkühlen. Nach dem Auftauen unbedingt nochmals abtropfen lassen.

3 Kürbispüree heiss einfüllen und sterilisieren.

KÜRBIS LAGERN

Da die meisten Winterkürbisse, sofern sie gut ausgereift sind, einige Wochen bis Monate haltbar sind, dienen viele von ihnen erst einmal als Dekoration. Wenn man den Kürbis anschneidet, sollte man ihn innert einiger Tage verbrauchen. Am besten werden daher aus großen Kürbissen diverse Vorräte hergestellt, wie Chutneys, Kompott, Konfitüren, Püree, fertige Suppe (heiß einfüllen).

GESCHMACK/AROMA UND VERWENDUNGSMÖGLICHKEITEN

In der Sortenauswahl beziehen sich die Angaben zum Fruchtfleisch auf voll ausgereifte Kürbisse. Oft kommen aber auch noch nicht ausgereifte Kürbisse in den Handel; in diesem Fall kann die Beschreibung stark abweichen. Die Angaben entsprechen also Richtwerten. Je mehr man mit Kürbissen und auch immer wieder mit neuen Sorten kocht und experimentiert, desto mehr Erfahrungen wird man sammeln können.

Praktisch alle Kürbisse eignen sich für Suppen. Beim Gratin wird es bereits etwas komplizierter. Ein Gratin aus einem wässrigen Kürbis schmeckt mehr nach Zucchetti und einer aus einer mehligen Sorte mehr nach Kartoffeln. Beides kann schmackhaft sein.

KÜRBIS-KASTANIEN-CREMESUPPE

1 Die Zwiebel schälen und fein hacken. Den Lauch putzen, längs halbieren und quer in schmale Streifen schneiden. Das Kürbisfleisch klein würfeln. Für die Garnitur das Kürbisfleisch dünn abschälen, die Streifen längs halbieren oder dreiteilen. Eine Orange dünnschalig abschälen und die Schale in feine Streifchen schneiden.

2 Zwiebeln und Lauch in der Butter andünsten. Kürbis und Kastanien beifügen und mitdünsten. Die Gemüsebrühe angießen, aufkochen, die Suppe bei kleiner Hitze köcheln lassen, bis der Kürbis sehr weich ist. Die Suppe pürieren.

3 Die Suppe zusammen mit dem Rahm und dem Zitrusfruchtsaft aufkochen, mit Kardamom, Ingwer, Salz und Pfeffer würzen. Je nach Konsistenz mit wenig Gemüsebrühe verdünnen.

4 Die Kürbis-Kastanien-Cremesuppe in vorgewärmten Suppentellern anrichten. Mit den Kürbis- und Orangenstreifchen garnieren. Einen Esslöffel Schlagrahm darauf geben. Mit dem Mandarinenöl beträufeln.

Variante Den Orangensaft durch Grapefruitsaft und das Mandarinenöl durch Grapefruitöl ersetzen.

1–2 EL Butter oder natives Olivenöl extra
1 mittelgroße Zwiebel
100 g Lauch
350 g mehliges Kürbisfleisch
350 g geschälte, gegarte oder tiefgefrorene Kastanien
8 dl/800 ml Gemüsebrühe
1,5 dl/150 g Rahm/süße Sahne
1–2 Bio-Orangen, ca. 1,5 dl/150 ml Fruchtsaft
1 Prise Kardamom
wenig frisch geriebener Ingwer oder 1 Prise Ingwerpulver nach Belieben
Meersalz
Pfeffer aus der Mühle

Garnitur
1 Stück Kürbis, in Streifchen
1 Bio-Orange, Streifchen der Schale
wenig Schlagrahm/Schlagsahne
2 EL Mandarinenöl

JAMAIKANISCHE KÜRBIS-KOKOS-SUPPE

1 Die Zwiebel schälen und fein hacken. Den Peperoncino längs aufschneiden, entkernen und quer in Streifchen schneiden. Das Kürbisfleisch würfeln. Die Kartoffeln schälen und klein würfeln. Den Ingwer schälen und fein reiben.

2 Zwiebeln, Peperoncini und Kürbis im Olivenöl andünsten, Kartoffeln, Ingwer und Zitronengras beifügen. Mit der Gemüsebrühe aufgießen, aufkochen und die Suppe bei kleiner Hitze 15 bis 20 Minuten köcheln lassen. Das Zitronengras entfernen, die Suppe pürieren.

3 Die Suppe zusammen mit der Kokosnussmilch und dem grünen Curry erwärmen (bei zu großer Hitze flockt die Kokosnussmilch aus), mit Salz und Pfeffer abschmecken.

2 EL natives Olivenöl extra
1 mittelgroße Zwiebel
1 kleiner roter oder grüner Peperoncino/ Pfefferschote
650 g mehliges Kürbisfleisch
2 mittelgroße mehlig kochende Kartoffeln
5 cm frische Ingwerwurzel (1–2 TL geriebener Ingwer)
1 Stängel Zitronengras
6 dl/600 ml Gemüsebrühe
4 dl/400 ml Kokosnussmilch
1 Beutel Green Curry (Supermarkt, Asienladen)
Meersalz
Pfeffer aus der Mühle

TOSKANISCHE KÜRBISSUPPE MIT REIS

1 Die Zwiebel schälen und fein hacken. Das Kürbisfleisch würfeln. Die Kartoffeln schälen und würfeln.

2 Die Zwiebeln und den Kürbis im Olivenöl andünsten, die Kartoffeln beifügen. Mit der Milch und der Gemüsebrühe aufgießen, aufkochen, den Kürbis bei kleiner Hitze weich kochen. Den Spinat zufügen, 2 Minuten köcheln lassen. Die Suppe pürieren.

3 Die Suppe zusammen mit dem Reis aufkochen, je nach Konsistenz mit Gemüsebrühe verdünnen, mit Salz und Pfeffer würzen. Mit Olivenöl abschmecken. Den Käse separat servieren.

4 EL natives Olivenöl extra
1 kleine Zwiebel
500 g mehliges Kürbisfleisch
2 mittelgroße mehlig kochende Kartoffeln
1,25 dl/125 ml Milch
ca. 1 l Gemüsebrühe
100 g frischer Blattspinat
300 g gekochter Naturreis
Meersalz
Pfeffer aus der Mühle
natives Olivenöl extra
4 EL geriebener Käse, z. B. Parmesan oder Grana Padana

KÜRBIS-TOPINAMBUR-CREMESUPPE

1 Die Zwiebel schälen und fein hacken. Das Kürbisfleisch auf der Röstiraffel raspeln oder klein würfeln. Die Topinambure schälen und zerkleinern.

2 Zwiebeln und Kürbisfleisch im Olivenöl andünsten. Topinambure und Zitronengras sowie Gewürze beifügen und mitdünsten. Mit der Gemüsebrühe aufgießen, die Suppe aufkochen und bei kleiner Hitze köcheln lassen, bis das Gemüse weich ist, 20 bis 25 Minuten. Das Zitronengras entfernen, die Suppe pürieren.

3 Die Suppe zusammen mit dem Rahm aufkochen, mit Salz und Pfeffer würzen, mit Zitronensaft, Sherry und Limonenöl abschmecken.

2 EL natives Olivenöl extra
1 große Zwiebel
500 g Kürbisfleisch
300 g Topinambure
1 Stängel Zitronengras
1 TL fein geriebener Ingwer
1 Prise Kardamompulver
1 Prise Chilipulver
ca. 8 dl/800 ml Gemüsebrühe, je nach Kürbissorte
2 dl/200 g Rahm/süße Sahne
Meersalz
Pfeffer aus der Mühle
1 Schuss Zitronensaft
1/2 dl/50 ml Sherry
wenig Limonenöl

KÜRBIS-KARTOFFEL-CREMESUPPE

1 Die Zwiebel schälen und fein hacken. Das Kürbisfleisch klein würfeln. Die Kartoffeln schälen und klein würfeln.

2 Zwiebeln und Kürbisfleisch im Olivenöl andünsten, die Kartoffeln beifügen. Mit der Gemüsebrühe aufgießen, die Suppe aufkochen und bei kleiner Hitze köcheln lassen, bis das Gemüse weich ist. Die Suppe pürieren.

3 Die Suppe abermals aufkochen. Crème fraîche, Senf und Zitronensaft unterrühren, mit Salz sowie Cayennepfeffer würzen.

4 Die Suppe in vorgewärmten Suppentellern oder Suppentassen anrichten. Mit dem Kürbiskernöl beträufeln.

2 EL natives Olivenöl extra
1 große Zwiebel
600 g Kürbisfleisch
200 g mehlig kochende Kartoffeln
1 l Gemüsebrühe
100 g Crème fraîche
3 EL Senf, mittelscharf
wenig Zitronensaft
Meersalz
Cayennepfeffer
3 EL Kürbiskernöl

KÜRBIS-KAROTTEN-CREMESUPPE

1 EL natives Olivenöl extra
1 kleine Zwiebel
300 g Kürbisfleisch
300 g Karotten
8 dl/800 ml Gemüsebrühe
2 Bio-Orangen
1 dl/100 g Rahm/
süße Sahne
1 kleines Stück
Ingwerwurzel
1 Prise Muskatnuss
Pfeffer aus der Mühle

wenig Schlagrahm/
Schlagsahne für die Garnitur

1 Die Zwiebel schälen und fein hacken. Den Kürbis klein würfeln. Die Karotten schälen und klein würfeln. Eine Orange dünnschalig abschälen, die Schale in feine Streifchen schneiden und beiseite stellen. Beide Orangen auspressen. Den Ingwer schälen.

2 Zwiebeln, Kürbis und Karotten im Olivenöl andünsten. Die Gemüsebrühe aufgießen, aufkochen, das Gemüse bei kleiner Hitze weich garen. Pürieren.

3 Die Cremesuppe mit dem Orangensaft und dem Rahm aufkochen. Würzen mit Muskatnuss, Pfeffer und fein geriebenem Ingwer.

4 Die Suppe in vorgewärmten Tellern anrichten. Mit dem Schlagrahm und den Orangenstreifchen garnieren.

Tipp Frische Ingwerwurzel schälen und einfrieren. Den gefrorenen Ingwer auf der Bircher-Rohkostreibe direkt zur Speise reiben.

KÜRBIS-LINSEN-CREMESUPPE

2 EL natives Olivenöl extra
1 große Zwiebel
700 g Kürbisfleisch
200 g rote Linsen
1,2 l Gemüsebrühe
1 dl/100 g Rahm/
süße Sahne
wenig frisch geriebener
Ingwer
1 TL Currypulver, mittelscharf
Meersalz
Pfeffer aus der Mühle

Mandarinenöl zum
Abschmecken
wenig Schlagrahm/
Schlagsahne für die Garnitur

1 Die Zwiebel schälen und fein hacken. Das Kürbisfleisch klein würfeln oder auf der Röstiraffel raspeln.

2 Zwiebeln und Kürbis im Olivenöl andünsten, die Linsen beifügen, mit der Gemüsebrühe aufgießen, die Suppe aufkochen und bei kleiner Hitze köcheln lassen, bis der Kürbis und die Hülsenfrüchte gar sind, 20 bis 25 Minuten. Die Suppe pürieren.

3 Die Suppe mit dem Rahm aufkochen, je nach Konsistenz mit Gemüsebrühe verdünnen. Mit Ingwer, Curry, Salz und Pfeffer würzen. Mit Mandarinenöl abschmecken. Anrichten. Mit wenig Schlagrahm garnieren.

MEXIKANISCHE KÜRBIS-ZUCCHINI-MAIS-SUPPE

1 Die Zwiebel schälen und fein hacken. Das Kürbisfleisch auf der Röstiraffel grob raspeln oder in kleine Würfel schneiden. Die Zucchini beidseitig kappen, auf der Röstiraffel raspeln.

2 Zwiebeln, Peperoncini, Kürbis und Zucchini im Olivenöl andünsten. Mit der Gemüsebrühe und der Milch aufgießen, aufkochen und bei kleiner Hitze köcheln lassen, bis das Gemüse gar ist. Die Maiskörner und den Thymian dazugeben, 2 bis 3 Minuten köcheln lassen. Den Rahm angießen, mit Salz und Pfeffer abschmecken. Die Petersilie dazugeben.

Tipp Wenn die Suppe nicht püriert wird, sollte man stets eine mehlige Kürbissorte nehmen. Mit Maischips servieren.

2 EL natives Olivenöl extra
1 kleine Zwiebel
1 kleiner roter Peperoncino/ Pfefferschote
300 g Kürbisfleisch
300 g Zucchini
2,5 dl/250 ml Gemüsbrühe
1/2 l Milch
300 g Maiskörner, frisch oder aus dem Glas
getrockneter Thymian
1 dl/100 g Rahm/ süße Sahne
Meersalz
Pfeffer aus der Mühle
2 EL fein gehackte Petersilie
Koriandergrün

SCHARFE KÜRBIS-PENNE-SUPPE

1 Die Knoblauchzehen schälen und fein hacken. Den Peperoncino in Ringe schneiden. Das Kürbisfleisch in 2 cm große Würfel schneiden.

2 Knoblauch und Peperoncini im Olivenöl andünsten, Kürbis beifügen und mitdünsten. Mit der Gemüsebrühe aufgießen, aufkochen und die Suppe bei kleiner Hitze rund 10 Minuten köcheln lassen. Die Penne beifügen, weitere 8 bis 12 Minuten köcheln lassen, bis die Penne al dente sind.

3 Die Petersilie zur Suppe geben, würzen mit Salz und Pfeffer und mit Olivenöl abschmecken.

Hauptmahlzeit

4 EL natives Olivenöl extra
4 Knoblauchzehen
1 kleiner roter Peperoncino/ Pfefferschote
800 g mehliges Kürbisfleisch
1,2 l Gemüsebrühe
300 g glatte oder gerillte Penne/Federn
Meersalz
Pfeffer aus der Mühle
3 EL fein gehackte glattblättrige Petersilie
natives Olivenöl extra zum Beträufeln

KÜRBISSALAT GRIECHISCHE ART

2 EL natives Olivenöl extra
1 Zwiebel
1 grüne Peperoni/ Paprikaschote
1 roter Peperoncino/ Pfefferschote
400 g fruchtiges Kürbisfleisch
1 EL Zitronensaft
1 EL Weißweinessig
1 dl/100 ml Gemüsebrühe
Pfeffer aus der Mühle
Meersalz
2 Knoblauchzehen
2–3 EL natives Olivenöl extra
gehackte Petersilie
2 Tomaten

schwarze Oliven für die Garnitur

1 Das Kürbisfleisch in 1 cm dicke Stäbchen schneiden. Die Zwiebel schälen und fein hacken. Die Peperoni längs halbieren oder vierteln, den Stielansatz und die Kerne entfernen, quer in feine Streifen schneiden. Bei den Tomaten den Stielansatz entfernen, in Spalten schneiden. Den Peperoncino längs aufschneiden, entkernen und in Streifchen schneiden.

2 Zwiebeln, Peperoni, Peperoncini und Kürbis im Olivenöl andünsten. Zitronensaft, Essig und Gemüsebrühe angießen, bei kleiner Hitze rund 5 Minuten köcheln lassen. Garpunkt immer wieder kontrollieren; der Kürbis sollte noch Biss haben. Mit Salz und Pfeffer würzen. Abkühlen lassen.

3 Die Knoblauchzehen schälen, zum Salat pressen. Olivenöl, Petersilie und Tomatenspalten dazugeben, gut vermengen, anrichten. Mit schwarzen Oliven garnieren.

KÜRBISBLINIS

200 g mehliges Kürbisfleisch
125 g Buchweizenmehl
5–10 g Hefe
1,5 dl/150 ml Milch
1 Freilandei
1/2 Bund Petersilie
Meersalz
Pfeffer aus der Mühle
natives Olivenöl extra zum Braten

1 Das Kürbisfleisch auf der Bircher-Rohkostreibe oder in der Küchenmaschine fein reiben (gut ausdrücken), mit dem Mehl vermengen.

2 Die Hefe in der Milch auflösen, zusammen mit dem Ei zur Kürbismasse geben, gut vermengen. Petersilie fein hacken, unterrühren. Mit Salz und Pfeffer abschmecken. Den Teig 10 Minuten quellen lassen.

3 Aus der Kürbismasse in einer nicht klebenden Bratpfanne im Olivenöl bei mittlerer Hitze Blinis (kleine Küchlein) braten.

Tipp Mit Crème fraîche und Räucherlachs servieren.

KÜRBIS-TOMATEN-TAPENADE

100 g Ziegenfrischkäse
2 EL Rahm/süße Sahne
4 EL natives Olivenöl extra
150 g Kürbispüree,
Seiten 25/26
2 Knoblauchzehen
100 g getrocknete
(nicht in Öl eingelegte)
Tomaten
100 g (ca. 80 g entsteinte)
schwarze Oliven
4 EL fein gehackte
Kräuter
Pfeffer aus der Mühle

1 Die getrockneten Tomaten von Hand oder im Cutter grob hacken. Die Oliven ebenfalls grob hacken.

2 Den Ziegenfrischkäse mit einer Gabel fein zerdrücken. Rahm, Olivenöl und Kürbispüree unterrühren. Die Knoblauchzehen schälen und dazu pressen. Tomaten, Oliven und Kräuter unterrühren. Mit Pfeffer abschmecken.

Tipp Mit getoasteter Baguette, Gemüserohkost oder im Dampf gegarten Schalenkartoffeln servieren.

Getrocknete Tomaten Sehr trockene Tomaten zuerst rund 30 Minuten in lauwarmem Wasser einlegen.

Variante Zusätzlich 200 g Vollmilchquark unter die Tapenade rühren.

KÜRBIS-RANDEN-SALAT MIT SAUERKRAUT

200 g fruchtiges Kürbisfleisch
200 g gekochte
Randen/Rote Beten
100 g rohes
Bio-Sauerkraut
1 kleines Stück
Meerrettichwurzel

Sauce
2 EL Crème fraîche
1/2 Zitrone, Saft
Meersalz
Pfeffer aus der Mühle
2 EL natives Olivenöl extra
1 EL gehackte Petersilie

Baumnuss-/Walnusskerne
oder geröstete Kürbiskerne für die Garnitur

1 Die Sauce zubereiten, die Petersilie unterrühren.

2 Den Kürbis und die geschälten Randen auf der Röstiraffel grob raspeln, zusammen mit dem Sauerkraut zur Sauce geben und vermengen. Den Meerrettich schälen und auf der Bircher-Rohkostreibe zum Salat reiben, unterrühren.

3 Den Salat anrichten. Mit den Nüssen garnieren.

KÜRBISTERRINE

für 2 kleine rechteckige Formen von $^1/_2$ l Inhalt

500 g mehliges Kürbisfleisch
5 Freilandeier
2 dl/200 g Rahm/süße Sahne
Meersalz
Pfeffer aus der Mühle
geriebene Muskatnuss
Butter für die Form

1 Den Kürbis in kleine Stücke schneiden, im Dampf weich garen, abkühlen lassen. Pürieren.

2 Den Backofen auf 180 Grad vorheizen. Die Formen mit Butter ausstreichen.

3 Kürbisstücke, Eier und Rahm pürieren, mit Salz, Pfeffer und Muskatnuss würzen. Auf die beiden Formen verteilen.

4 Die gefüllten Formen in einen Bräter oder in ein anderes ofenfestes Geschirr stellen, bis auf $^3/_4$ Höhe mit Wasser füllen. Die Terrinen bei 180 Grad 50 bis 60 Minuten pochieren. Abkühlen lassen, stürzen und in Scheiben schneiden.

Abbildung Im Glas: Kürbiskernpesto, Rezept Seite 43

KÜRBISBLÜTEN MIT RICOTTAFÜLLUNG

8 bis 12 Kürbisblüten

Füllung
500 g Ricotta
3 Eigelbe von Freilandeiern
1 EL Weizengrieß
1 EL geriebener Parmesan
1 Msp Muskatnuss
Meersalz
Pfeffer aus der Mühle
1 EL Grapefruitöl nach Belieben, oder wenig abgeriebene Schale einer Bio-Zitrone
3 Eiweiß

1 Ricotta, Eigelb, Grieß und Parmesan glatt rühren. Würzen. Das Eiweiß zu Schnee schlagen und unterziehen.

2 Die Kürbisblüten vom Stempel befreien.

3 Die Ricottamasse in einen Spritzsack mit breiter Tülle füllen, die Blüten füllen.

4 Die gefüllten Kürbisblüten über Dampf (Kochtopf mit Dämpfaufsatz) 10 bis 12 Minuten garen.

Tipp Auf gedämpftem Gemüse oder mit einer Zitronensauce servieren.

Zum Rezept Die gefüllten Kürbisblüten sind eine Kreation von Johannes Lenz aus dem Ristorante Boccalino in Locarno.

KÜRBIS-LAUCH-PUFFER

für 10 bis 12 Puffer

3 Freilandeier
3 EL geriebener Käse
150 g mehliges Kürbisfleisch
200 g Lauch
100 g weiße Sojasprossen
1/2 roter Peperoncino/Pfefferschote
1 EL fein gehackte Petersilie
wenig Thymian
1 Prise scharfes Currypulver
Meersalz
Pfeffer aus der Mühle
geriebene Muskatnuss
natives Olivenöl extra oder Bratbutter/Butterschmalz zum Braten

1 Das Kürbisfleisch fein reiben, mit der Küchenmaschine oder auf einer Bircher-Rohkostreibe (Saft weggießen). Den Lauch putzen, längs halbieren und quer in feine Streifen schneiden, im Dampf knackig garen. Die Sojasprossen und den Peperoncino hacken.

2 Die Eier verquirlen, Käse, Kürbis, Lauch, Sojasprossen, Peperoncini und Petersilie unterrühren. Würzen.

3 Die Kürbismasse mit dem Eisportionierer oder mit einem Schöpflöffel portionieren, in einer Bratpfanne im nicht zu heißen Öl Puffer braten, auf beiden Seiten je 4 Minuten.

Tipp Mit Blattsalat und Sprossen und nach Belieben mit einer kalten Sauerrahmsauce servieren.

TESSINER KÜRBIS-FRITTELLE

für 12 Puffer

2 Freilandeier
4 EL geriebener Sbrinz
80 g feine Haferflocken
200 g mehliges Kürbisfleisch
100 g Lauch
1 Zweiglein Thymian, Blättchen abgestreift
1/2 EL fein gehackte Petersilie
Meersalz
Pfeffer aus der Mühle
natives Olivenöl extra zum Braten

Formaggini oder Raclettekäse zum Überbacken

1 Das Kürbisfleisch fein reiben, mit der Küchenmaschine oder mit einer feinen Bircher-Rohkostreibe (gut ausdrücken). Den Lauch putzen, längs aufschneiden und quer in Streifchen schneiden.

2 Die Eier verquirlen, Käse, Haferflocken, Kürbis, Lauch und Kräuter dazugeben, gut vermengen, mit Salz und Pfeffer würzen. 30 Minuten quellen lassen.

3 In einer Bratpfanne Olivenöl erhitzen. Die Kürbismasse mit einem Eisportionierer oder mit einem Schöpflöffel portionieren, im nicht zu heißen Öl beidseitig je 4 bis 5 Minuten braten.

4 Die Käsescheiben auf die Größe der Puffer zuschneiden, darauf legen und zugedeckt schmelzen lassen. Mit Pfeffer würzen.

Tipp Mit gedämpftem Lauch oder Winterspinat servieren.

PEPERONI MIT KÜRBIS-RICOTTA-FÜLLUNG

1 Die Peperoni längs halbieren, die Kerne entfernen. Die Peperonihälften im Dampf oder in wenig Gemüsebrühe rund 5 Minuten garen. In eine geölte Gratinform legen.

2 Den Backofen auf 220 Grad vorheizen.

3 Das Kürbisfleisch auf der Bircher-Rohkostreibe oder in der Küchenmaschine fein reiben (gut ausdrücken). Die Knoblauchzehen schälen und zum Kürbis pressen.

4 Die Kürbismischung im Olivenöl 3 bis 4 Minuten dünsten. Abkühlen lassen. Ricotta, Eigelbe und Parmesan mit dem Kürbis vermengen. Würzen. Die Kürbismischung in die Peperonihälften füllen, mit dem Parmesan bestreuen.

5 Die gefüllten Peperoni im vorgeheizten Backofen bei 220 Grad rund 30 Minuten backen.

4 rote Peperoni/ Paprikaschoten
2 EL natives Olivenöl extra
450 g fruchtiges Kürbisfleisch
2 Knoblauchzehen
250 g Ricotta
4 Eigelbe von Freilandeiern
120 g geriebener Parmesan
1 TL Provencekräuter
1 EL gehackte Petersilie
1 Prise Ingwerpulver
1 Prise Curry
1 EL Limonenöl, nach Belieben, oder abgeriebene Schale einer Bio-Zitrone
Meersalz
Pfeffer aus der Mühle
geriebener Parmesan zum Bestreuen

KÜRBIS-RICOTTA-GNOCCHI

1 Den Kürbis ungeschält auf einem Backblech im Backofen bei 170 Grad rund 50 Minuten garen, bis er weich ist. Das Fleisch auskratzen und mit dem Handmixer oder im Mixerglas pürieren. Für die Gnocchi benötigt man ca. 300 g trockenes Püree. Bei einer wässrigen Sorte muss man das Püree vor der Verarbeitung in einem mit einem Mull-/Baumwolltuch ausgelegten Sieb über Nacht gut abtropfen lassen.

2 Kürbispüree, Ricotta, Parmesan und Ei verrühren, würzen. So viel Mehl einkneten, dass der Teig nicht mehr klebt. Den Teig in 3 bis 4 Portionen teilen, Rollen von ca. 2 cm Durchmesser drehen, in 2 bis 3 cm lange Stücke schneiden, mit einer Gabel leicht flach drücken. Oder den Teig mit 2 Teelöffeln portionieren.

3 Die Gnocchi in reichlich Salzwasser portionsweise garen, bis sie an die Oberfläche steigen. Mit einem Schaumlöffel herausnehmen und warm stellen. Gnocchi kurz vor dem Servieren mit Parmesan bestreuen und mit Olivenöl beträufeln.

ca. 750 g mehliger Kürbis mit Schale oder
300 g sehr trockenes Kürbispüree, Seite 25 ff.
250 g Ricotta
120–150 g geriebener Parmesan
1 Freilandei
Meersalz
Pfeffer aus der Mühle
Muskatnuss
150–200 g Dinkelvollkornmehl
grob geriebener Parmesan
natives Olivenöl extra

KÜRBIS-KARTOFFEL-RÖSTI

für 2 Personen als Hauptmahlzeit

200 g mehliges Kürbisfleisch
300 g mehlig kochende Kartoffeln
1 kleiner Lauch (80 g) oder 1 mittelgroße Zwiebel
Meersalz
Pfeffer aus der Mühle
frischer Thymian
4–6 EL natives Olivenöl extra oder Bratbutter/Butterschmalz

1 Das Kürbisfleisch auf der Röstiraffel raspeln. Die Kartoffeln schälen und ebenfalls auf der Röstiraffel raspeln. Den Lauch putzen, längs aufschneiden und quer in Streifen schneiden. Oder die Zwiebel schälen und in feine Scheiben schneiden. Sämtliche Zutaten miteinander vermengen, mit Salz und Pfeffer abschmecken. Thymianblättchen abzupfen und unterrühren.

2 In einer schweren Bratpfanne, ideal ist eine Bratpfanne aus Gusseisen, die Hälfte des Olivenöls oder der Bratbutter erhitzen. Die Kartoffel-Kürbis-Masse hineingeben, einen Kuchen formen, bei kleiner Hitze rund 10 Minuten braten. Die Rösti auf eine Platte oder einen Teller stürzen. Das restliche Öl erhitzen, den Röstikuchen in die Pfanne gleiten lassen, während rund 10 Minuten fertig braten.

Tipp Mit einem gemischten Saisonsalat servieren.

GRATINIERTER SPAGHETTI-KÜRBIS

für 4 Personen als Vorspeise
für 2 Personen als Hauptmahlzeit

1 Spaghetti-Kürbis, ca. 1 kg
Meersalz
Pfeffer aus der Mühle
150 g Mascarpone mit Gorgonzola
50 g geriebener Parmesan
frische Salbeiblätter

1 Den Kürbis quer in 4 dicke Scheiben schneiden und entkernen. Die Kürbisscheiben im Dampf rund 15 Minuten garen.

2 Mascarpone zerbröckeln, mit dem Parmesan vermengen.

3 Den Backofen auf 220 Grad vorheizen.

4 Die Kürbisscheiben in eine geölte Gratinform legen, das Innere mit einer Gabel auflockern. Mit Salz und Pfeffer würzen. Die Käsecreme darüber verteilen, mit Salbeiblättern belegen.

5 Die Kürbisscheiben im vorgeheizten Backofen bei 220 Grad rund 10 Minuten überbacken.

SCHNELLER KÜRBISAUFLAUF

2–3 EL natives Olivenöl extra
1 mittelgroße Zwiebel
2 Knoblauchzehen
800 g fruchtiges Kürbisfleisch
2 EL fein gehackte Kräuter, z. B. Thymian, Petersilie, Majoran
3 dl/300 g Rahm/ süße Sahne
2 Freilandeier
3–4 EL geriebener Käse
Meersalz
Pfeffer aus der Mühle
Muskatnuss

1 Die Zwiebel und die Knoblauchzehen schälen und sehr fein hacken. Das Kürbisfleisch klein würfeln.

2 Zwiebeln und Knoblauch im Olivenöl andünsten, Kürbiswürfelchen und Kräuter dazugeben und kurz mitdünsten, den Rahm angießen, bei kleiner Hitze 4 bis 6 Minuten köcheln lassen, je nach Größe der Kürbiswürfel. In eine eingefettete Gratinform verteilen.

3 Den Backofen auf 180 Grad vorheizen.

4 Die Eier verquirlen, den Käse unterrühren, mit Salz, Pfeffer und Muskatnuss würzen. Über die Kürbiswürfel verteilen.

5 Den Kürbisauflauf im vorgeheizten Backofen bei 180 Grad rund 25 Minuten backen.

Variante Vor dem Backen Rosmarinnadeln über den Auflauf streuen oder einen ganzen Zweig darauf legen. Nach Belieben schwarze Oliven darüber streuen und mitbacken.

KÜRBISNUDELN

400 g Dinkelruchmehl/ Mehltype 1050
1 EL Meersalz
300 g Kürbispüree, Seite 25 ff.
1 Freilandei
1 TL natives Olivenöl extra

1 Mehl und Salz mischen. Kürbispüree, Ei und Olivenöl beifügen, zu einem glatten, geschmeidigen Teig kneten. Je nach Konsistenz braucht es noch wenig Mehl oder wenig Wasser. Der Teig sollte an den Fingern nicht mehr kleben. Den Nudelteig in Klarsichtfolie einwickeln, 30 Minuten ruhen lassen.

2 Den Teig auf leicht bemehlter Arbeitsfläche in 2 Portionen dünn ausrollen. Die Teigblätter gerade schneiden und Nudeln von 1 bis 2 cm Breite schneiden. Der Teig kann auch problemlos mit einer Nudelmaschine verarbeitet werden. Die Nudeln vor dem Kochen rund 30 Minuten oder länger trocknen lassen.

3 In einem großen Kochtopf reichlich Salzwasser zusammen mit einem Schuss Olivenöl erhitzen, die Nudeln al dente kochen. Abgießen, mit einem Schuss Olivenöl vermengen. Sofort servieren.

RAVIOLI MIT KÜRBIS-KÄSE-FÜLLUNG

1 Für den Teig Mehl und Salz vermengen, Eier und Olivenöl dazugeben, zu einem geschmeidigen Teig verarbeiten. Je nach Konsistenz braucht es noch wenig Wasser. Den Teig in Klarsichtfolie einwickeln, im Kühlschrank 30 Minuten ruhen lassen.

2 Für die Füllung sämtliche Zutaten miteinander vermengen, mit Pfeffer abschmecken.

3 Den Ravioliteig mit dem Nudelholz oder mit der Nudelmaschine dünn ausrollen. Rondellen von 7 cm Durchmesser ausstechen. Auf jede Teigrondelle einen Teelöffel der Füllung in die Mitte geben, zusammenklappen und den Rand mit einer Gabel gut andrücken.

4 Ravioli in einem großen Kochtopf in reichlich Salzwasser al dente kochen, 6 bis 8 Minuten. Mit einem Schaumlöffel herausnehmen und auf vorgewärmte Suppenteller verteilen. Nach Belieben mit Salbeibutter (Butter mit einigen Salbeiblättern erhitzen) übergießen und mit Parmesanspänen bestreuen.

Ravioliteig

*250 g Dinkelruchmehl/
Mehltype 1050 oder
250 g Dinkelweißmehl/
Mehltype 405
1 TL Meersalz
2 Freilandeier
1 EL natives Olivenöl extra
2 EL Wasser, je nach
Teigkonsistenz*

Füllung

*120 g Ricotta
150 g Kürbispüree, gut
abgetropft, Seite 25 ff.
1 EL fein gehackte
Petersilie
20 g zerriebene Amaretti
40 g geriebener
Parmesan
Pfeffer aus der Mühle*

*Butter
Salbeiblätter
Parmesanspäne*

SCHNELLE KÜRBISGALETTEN MIT THYMIAN

1 Den Kürbis auf der Röstiraffel raspeln.

2 Sämtliche Zutaten miteinander vermengen, mit Salz und Pfeffer würzen.

3 Die Kürbismasse mit einem Esslöffel portionieren, in einer nicht klebenden Bratpfanne die Galetten (Puffer) bei mittlerer Hitze braten, von jeder Seite rund 4 Minuten.

für 12 Galetten

*400 g mehliges Kürbisfleisch
40 g Vollkornmehl
1 Freilandei
1,2 dl/120 g Rahm/
süße Sahne
1 TL getrockneter oder
frischer Thymian
Meersalz
Pfeffer aus der Mühle*

*Olivenöl oder
Bratbutter/Butterschmalz
zum Braten*

PENNE MIT KÜRBIS UND CIMA DI RAPA

300 g Penne oder andere Teigwaren
2 EL natives Olivenöl extra
1 kleine Zwiebel
1–2 Knoblauchzehen
1 grüner Peperoncino/Pfefferschote, in Ringen
400 g fruchtiges Kürbisfleisch
wenig Gemüsebrühe
250 g Cima di Rapa (Stängelkohl)
Meersalz
Pfeffer aus der Mühle
2–4 EL geriebener Käse, zum Beispiel Pecorino
Mandarinenöl oder natives Olivenöl extra zum Beträufeln

1 Die Penne gemäß Packungsbeschrieb al dente kochen.

2 Die Zwiebel und die Knoblauchzehen schälen und fein hacken. Das Kürbisfleisch klein würfeln. Beim Cima di Rapa den untersten Teil abschneiden, das Kraut samt Stängel und Blütenansatz in Streifen schneiden.

3 Zwiebeln, Knoblauch und Peperoncino im Olivenöl andünsten, den Kürbis kurz mitdünsten. Wenig Gemüsebrühe angießen, köcheln lassen, bis der Kürbis fast gar ist. Cima di Rapa beifügen, nochmals 3 bis 5 Minuten köcheln lassen. Mit Salz und Pfeffer abschmecken.

4 Die Penne zum Gemüse geben, nochmals erhitzen. In vorgewärmten Tellern anrichten. Mit dem Mandarinen- oder Olivenöl beträufeln, mit Reibkäse bestreuen.

FEINE KÜRBIS-LASAGNE

leichte Mahlzeit oder Vorspeise

200 g Lasagneblätter
2 EL natives Olivenöl extra
1 große Zwiebel
450 g mehliges Kürbisfleisch
5 Salbeiblätter
1 Lorbeerblatt
3 dl/300 ml Milch
2 dl/200 ml Gemüsebrühe
Meersalz
Pfeffer aus der Mühle
4–5 EL Parmesan oder Grana Padana
Meersalz

1 Die Zwiebel schälen und fein hacken. Das Kürbisfleisch klein würfeln. Die Salbeiblätter in Streifchen schneiden.

2 Zwiebeln, Kürbis, Salbei und Lorbeerblatt im Olivenöl andünsten. Mit der Milch und der Gemüsebrühe aufgießen, aufkochen und bei kleiner Hitze rund 7 Minuten köcheln lassen, bis der Kürbis weich ist. Lorbeer entfernen, würzen. $^2/_3$ der Masse pürieren, unter die restliche Masse rühren.

3 Die Lasagneblätter gemäß Packungsbeschrieb in reichlich Salzwasser al dente kochen, mit kaltem Wasser abschrecken.

4 Eine rechteckige Form einfetten und den Boden mit der Kürbismasse bedecken. Fortfahren mit Lasagneblättern, Kürbismasse, Lasagneblättern und Kürbismasse. Den Käse darüber streuen.

5 Lasagne im vorgeheizten Backofen bei 180 Grad rund 40 Minuten backen. Eventuell mit Alufolie abdecken, damit sie nicht zu braun wird. Abkühlen lassen und nochmals erwärmen; so wird sie schön «saftig».

KÜRBISKNÖPFLI MIT KÜRBISRAGOU

Knöpfli
250 g Dinkelvollkornmehl
1 TL Meersalz
3 Freilandeier
250 g Kürbispüree, Seite 25 ff.
1 EL natives Olivenöl extra

Kürbisragout
2 EL natives Olivenöl extra
1 mittelgroße Zwiebel
600 g fruchtiges Kürbisfleisch
wenig Knöpfliwasser
2 Hand voll frischer Winterspinat
2–4 EL natives Olivenöl extra
wenig getrockneter oder frischer Thymian
Meersalz
Pfeffer aus der Mühle
geriebener Käse, nach Belieben

1 Mehl und Salz mischen. Eier, Kürbispüree und Olivenöl dazugeben. Den Knöpfliteig mit einer Holzkelle während rund 10 Minuten kräftig rühren. 30 Minuten quellen lassen.

2 In einem großen Kochtopf reichlich Salzwasser erhitzen. Den Teig mit dem Knöpflisieb oder Spätzlehobel portionsweise in das kochende Wasser streichen. Die Knöpfli an die Oberfläche steigen lassen, mit einem Schaumlöffel herausnehmen, mit kaltem Wasser abschrecken, in ein Sieb geben.

3 Für das Kürbisragout die Zwiebel schälen und fein hacken. Das Kürbisfleisch klein würfeln. Zwiebeln und Kürbis im Olivenöl andünsten, wenig Knöpfliwasser angießen. Den Kürbis bei kleiner Hitze nicht zu weich garen. Spinat in Streifen schneiden, mit dem Thymian unterrühren, würzen.

4 Die Knöpfli nach Belieben in wenig Olivenöl braten, zum Kürbisragout geben und vermengen. Nach Belieben mit geriebenem Käse servieren.

Tipp Knöpfli können auch tiefgekühlt werden. Gefroren in kochendes Salzwasser geben und erhitzen.

SPAGHETTI-KÜRBIS AUS DEM OFEN

2 mittelgroße Spaghetti-Kürbisse
4 EL natives Olivenöl extra
Meersalz oder Kräutermeersalz
Pfeffer aus der Mühle
reichlich frische Rosmarinnadeln
2–3 Knoblauchzehen

1 Die beiden Kürbisse der Länge nach halbieren und entkernen. Das Kürbisfleisch mit Olivenöl einpinseln, mit Salz und Pfeffer würzen. Die Knoblauchzehen schälen und in Scheiben schneiden, zusammen mit dem Rosmarin auf die Kürbisse verteilen. Auf ein mit Backpapier belegtes Blech legen.

2 Die Kürbishälften im vorgeheizten Backofen bei 220 Grad 30 bis 45 Minuten backen, je nach Grösse der Kürbisse. Mit einer Gabel prüfen, ob die «Spaghetti» weich sind.

Tipp Das Kürbisfleisch mit der Gabel zu Spaghetti aufwickeln und mit Olivenöl beträufelt als Vorspeise oder lauwarm mit einer Vinaigrette als Salat servieren. Oder mit einem Fleischgericht servieren.

KÜRBIS-KOHL-GEMÜSE AUS DEM WOK

3–4 EL natives Olivenöl extra
1 mittelgroße Zwiebel
1 Knoblauchzehe
1 roter Peperoncino/ Pfefferschote
400 g fruchtiges Kürbisfleisch
5–6 Wirz-/Wirsingblätter
400 g Pfälzer Rüben
1 dl/100 ml Gemüsebrühe
2 EL Sojasauce
wenig Zitronensaft
1 Prise Zimtpulver
1 Prise Ingwerpulver
Meersalz
1 Hand voll geröstete Erdnüsse oder gegarte Kichererbsen

1 Die Zwiebel und die Knoblauchzehe schälen und fein hacken. Den Peperoncino ganz lassen und in Ringe schneiden oder längs aufschneiden, entkernen und in Streifchen schneiden. Das Kürbisfleisch in Stäbchen schneiden. Die Wirzblätter in Streifen schneiden. Die Pfälzer Rüben putzen (schälen) und in Stäbchen schneiden.

2 Zwiebeln, Knoblauch, Peperoncini, Kürbis, Kohl und Pfälzer Rüben im Wok oder in einer weiten Bratpfanne im Olivenöl bei starker Hitze einige Minuten rührbraten. Die Gemüsebrühe und die Sojasauce angießen, einige Minuten köcheln lassen. Mit Zitronensaft, Zimt, Ingwer und Meersalz abschmecken. Die Erdnüsse oder die Kichererbsen darüber streuen.

Tipp Mit Reis, Fleisch oder Fisch servieren.

TESSINER KÜRBISRISOTTO

300 g Risottoreis

Kürbisragout
2 EL natives Olivenöl extra
1 große Zwiebel
1 roter Peperoncino/ Pfefferschote
500 g fruchtiges Kürbisfleisch
1 TL getrocknete Kräuter z. B. Thymian, Rosmarin, Majoran
1 dl/100 ml Weißwein
ca. 4 dl/400 ml Gemüsebrühe
1 dl Rahm/süße Sahne
Pfeffer aus der Mühle
3–4 EL geriebener Sbrinz
fein gehackte Petersilie
natives Olivenöl extra zum Abschmecken

1 Den Reis mit 7dl/700 ml Wasser aufkochen, auf der ausgeschalteten Wärmequelle zugedeckt 30 Minuten oder länger ausquellen lassen.

2 Das Kürbisfleisch klein würfeln. Den Peperoncino längs aufschneiden, entkernen und in Streifchen schneiden. Die Zwiebel schälen und fein hacken.

3 Zwiebeln und Peperoncini im Olivenöl andünsten, Kürbis und Kräuter beifügen und mitdünsten. Weißwein und die Hälfte der Gemüsebrühe angießen, bei kleiner Hitze 10 bis 12 Minuten köcheln lassen. Gegarten Reis, Rahm und Mascarpone unterrühren. Der Risotto soll sämig sein, eventuell zusätzliche Gemüsebrühe unterrühren. Mit Pfeffer würzen.

4 Kurz vor dem Servieren den Käse und die Petersilie unterrühren. Mit einem Schuss Olivenöl abrunden.

GRATIN VON PENNE UND KÜRBISBOLOGNESE

1 Die Penne in reichlich Salzwasser al dente kochen, abgießen, 1/4 Liter Kochwasser auffangen.

2 Die Zwiebel und die Knoblauchzehen schälen und fein hacken. Bei den Pelati den Stielansatz entfernen, grob hacken. Das Kürbisfleisch klein würfeln. Die Wurst schälen und zerkleinern. Die Kräuter grob hacken.

3 Zwiebeln, Knoblauch und Fleisch im Olivenöl anbraten, Kürbis beifügen und kurz mitdünsten. Tomaten und Kräuter beifügen, würzen. Die Flüssigkeit angießen, bei kleiner Hitze 8 bis 12 Minuten köcheln lassen. Der Kürbis darf etwas zerfallen. Die Pinienkerne unterrühren.

4 Den Backofen auf 220 Grad vorheizen. Die Gratinform einfetten.

5 Kürbisragout, Penne und die Hälfte des Käses mischen, in die Gratinform verteilen. Den restlichen Käse darüber streuen, mit den Lorbeerblättern belegen. Mit Olivenöl beträufeln.

6 Das Gratin im vorgeheizten Backofen bei 220 Grad 10 bis 15 Minuten überbacken.

Tipp Mit Blattsalat servieren.

250 g glatte oder gerillte Penne/Federn

2 EL natives Olivenöl extra
1 mittelgroße Zwiebel
2 Knoblauchzehen
250 g fette toskanische Schweinswurst oder Luganighe oder gehacktes Schweinefleisch
500 g fruchtiges Kürbisfleisch
300 g Pelati aus der Dose
2,5 dl/250 ml Nudelkochwasser oder Gemüsebrühe
Pfeffer aus der Mühle
Meersalz
1 Zweig frischer oder 1/2 TL getrockneter Thymian
1/2 Bund glatte Petersilie
2 EL Pinienkerne
4–6 EL geriebener Käse
8 frische oder getrocknete Lorbeerblätter
natives Olivenöl extra zum Beträufeln

OMELETT MIT KÜRBIS-SPROSSEN-FÜLLUNG

1 Für die Omeletts Eier, Milch und Salz verquirlen. Das Mehl dazugeben, zu einem glatten Teig rühren. 30 Minuten quellen lassen.

2 Den Peperoncino längs aufschneiden und entkernen, in Streifchen schneiden. Das Kürbisfleisch würfeln.

3 Aus dem Teig in einer nicht klebenden Bratpfanne in wenig Olivenöl 4 Omeletts backen, warm stellen.

4 Peperoncini mit dem Kürbis im Olivenöl dünsten, rund 4 Minuten. Sojasprossen kurz mitdünsten. Wenig Gemüsebrühe oder Weißwein angießen, mit Salz, Pfeffer, Ingwerpulver und Curry würzen, köcheln lassen, bis der Kürbis gar ist.

5 Die Scampi im Olivenöl braten.

6 Kürbisgemüse und Scampi auf eine Hälfte der Omeletts verteilen, zweimal falten.

Omelettteig

4 Freilandeier
3 dl/300 ml Milch oder halb Milch/halb Wasser
1 TL Meersalz
200 g Dinkelweißmehl/Mehltype 405 oder 200 g Buchweizenmehl
Olivenöl zum Braten

Füllung

2 EL natives Olivenöl extra
1 kleiner roter Peperoncino/Pfefferschote
250 g fruchtiges Kürbisfleisch
200 g weiße Sojasprossen
wenig Gemüsebrühe oder Weißwein
Meersalz oder Gemüsebrühepulver
Pfeffer aus der Mühle
1 Prise Ingwerpulver
1 Prise Currypulver

8–12 Scampi/Langustinen, nach Belieben
Olivenöl zum Braten

KÜRBISKERNPESTO

1 Die Schalotten schälen und zerkleinern. Die Petersilie und das Basilikum von den Stielen zupfen.

2 Sämtliche Zutaten im Mixerglas oder im Cutter nicht zu fein pürieren. Mit Salz und Pfeffer abschmecken.

Tipp Zu Gemüserohkost, im Dampf gegarten Schalenkartoffeln, Kürbisterrine, Seite 40, usw. servieren.

Abbildung Seite 40

50 g geröstete Kürbiskerne
2 Schalotten
1 TL Balsamessig
1/2–1 dl/50–100 ml Gemüsebrühe
4 EL Kürbiskernöl
1 großer Bund glattblättrige Petersilie
1/2 Bund Basilikum
Meersalz
Pfeffer aus der Mühle

KALBSLEBER VENEZIANISCHE ART

2 EL natives Olivenöl extra
500 g Kalbsleber
Meersalz
Pfeffer aus der Mühle

Gemüse
2 EL natives Olivenöl extra
1 Zwiebel
2–3 Zweiglein Salbei
500 g fruchtiges Kürbisfleisch
500 g Rosenkohl
½ dl/50 ml trockener Weißwein
wenig Gemüsebrühe
Pfeffer aus der Mühle
Kräutermeersalz
wenig abgeriebene Schale einer Bio-Zitrone
fein gehackte Petersilie

1 Die Zwiebel schälen und in feine Scheiben schneiden. Das Kürbisfleisch würfeln. Den Rosenkohl putzen, je nach Größe halbieren. Die Salbeiblättchen ablesen.

2 Den Rosenkohl im Dampf kurz vorgaren, etwa 5 Minuten.

3 Salbei und Zwiebeln im Olivenöl andünsten, Kürbis beifügen und 3 bis 5 Minuten mitdünsten. Rosenkohl beifügen. Weißwein und Gemüsebrühe angießen, bei kleiner Hitze knackig garen. Mit Salz, Pfeffer und Zitronenschale abschmecken.

4 Die Leber in Streifen schneiden, im Olivenöl bei starker Hitze kurz braten, mit Salz und Pfeffer würzen.

5 Die Kalbsleber mit dem Gemüse vermengen. Anrichten. Nach Belieben mit Petersilie garnieren.

POULETSCHENKEL MAROKKANISCHE ART

4 Pouletschenkel/Hähnchenkeulen
Senf, Kräutermeersalz, Pfeffer aus der Mühle
Thymian- und Paprikapulver
2–3 EL natives Olivenöl extra
2–3 Zwiebeln, 250 g
2 Knoblauchzehen
1 Zweig Stangensellerie
1–2 Rosmarinzweiglein
300 g Pelati mit Saft
1,5 dl/150 ml Gemüsebrühe
600 g fruchtiges Kürbisfleisch
100 g schwarze Oliven
Gemüsebrühe
Pfeffer aus der Mühle
1 EL geriebener Ingwer
1 TL fein geschnittene Pfefferminze

1 Aus Senf, Salz und Gewürzen eine Marinade zubereiten. Die Pouletschenkel mit der Marinade einstreichen, im Kühlschrank eine Stunde marinieren.

2 Die Zwiebeln schälen und fein hacken. Die Knoblauchzehen schälen. Den Stangensellerie in Scheiben schneiden. Bei den Pelati den Stielansatz entfernen, die Früchte grob hacken. Den Kürbis würfeln.

3 Die Pouletschenkel in einem Brattopf im Olivenöl beidseitig je 5 Minuten braten. Zwiebeln, Stangensellerie und Knoblauchzehen beifügen und kurz dünsten. Rosmarin, Pelati und Gemüsebrühe dazugeben, aufkochen, bei kleiner Hitze rund 30 Minuten köcheln lassen. Kürbis und Oliven dazugeben, köcheln lassen, bis der Kürbis weich ist. Je nach Flüssigkeitsstand wenig Gemüsebrühe angießen. Würzen.

KÜRBIS-CURRY MIT KICHERERBSEN UND LAMM

1 Die getrockneten Kichererbsen über Nacht in Wasser einlegen. Das Einweichwasser am nächsten Tag weggießen. Die Erbsen mit reichlich frischem Wasser aufsetzen, bei kleiner Hitze 50 bis 60 Minuten weich garen.

2 Die Zwiebeln schälen und fein hacken. Das Kürbisfleisch würfeln. Die Peperoni halbieren, den Stielansatz und die Kerne entfernen, die Fruchthälften in 2 cm große Quadrate oder in Streifen schneiden. Die Peperoncini längs aufschneiden, entkernen und in Streifchen schneiden.

3 Zwiebeln, Peperoni und Peperoncini im Olivenöl andünsten, Kürbis beifügen und mitdünsten, mit Curry würzen. Kokosnussmilch und wenig Gemüsebrühe angießen, das Ganze bei kleiner Hitze knackig garen, 8 bis 10 Minuten.

4 Das Lammfilet würfeln oder in Streifen schneiden, mit Salz und Pfeffer leicht würzen, in einer Bratpfanne in wenig Olivenöl scharf anbraten, zum Gemüseragout geben. Mit Petersilie oder Koriander bestreut servieren.

2–3 EL natives Olivenöl extra
2 kleine Zwiebeln
2 scharfe rote Peperoncini/ Pfefferschoten
2 grüne Peperoni/ Paprikaschoten
500 g fruchtiges Kürbisfleisch
milder bis scharfer Curry, nach Belieben
ev. 1 Beutel grüne Currypaste
1 dl/100 ml Kokosnussmilch (Asienladen, Großverteiler)
wenig Gemüsebrühe
250 g gekochte Kichererbsen oder 125 g getrocknete Kichererbsen
oder Petersilie
400 g Lammfilet
Meersalz
Pfeffer aus der Mühle
1/2 Bund Koriandergrün

HACKFLEISCH-KÜRBIS-KUGELN

1 Für die Fleischkugeln den Kürbis auf der Bircher-Rohkostreibe fein reiben, gut ausdrücken. Oder den Kürbis in der Küchenmaschine reiben. Den Peperoncino längs aufschneiden, nach Belieben entkernen, fein hacken. Die Zwiebel schälen und fein hacken. Sämtliche Zutaten für die Fleischkugeln miteinander vermengen, mit Salz und Pfeffer abschmecken.

2 Für die Tomatensauce die Zwiebel und die Knoblauchzehen schälen und fein hacken. Den Peperoncino längs aufschneiden, nach Belieben entkernen, klein hacken. Bei den Pelati den Stielansatz entfernen, die Früchte grob hacken. Zwiebeln, Knoblauch und Peperoncini im Olivenöl andünsten, Tomatenpüree und Oregano kurz mitdünsten. Die Pelati unterrühren, den Rotwein angießen. Die Sauce bei kleiner Hitze 30 Minuten köcheln lassen. Mit Salz und Pfeffer abschmecken.

3 Aus der Fleischmasse Kugeln von 3 bis 4 cm Durchmesser formen. Die Fleischkugeln zur Tomatensauce geben, bei kleiner Hitze zugedeckt rund 10 Minuten ziehen lassen. Die Basilikumblätter in feine Streifen schneiden und unterrühren.

Fleischkugeln

400 Rinderhackfleisch
100–150 g mehliges Kürbisfleisch
1 grüner Peperoncino/Pfefferschote
1 kleine Zwiebel
50 g geriebener Parmesan
1 großes Freilandei
1 EL fein gehackter Rosmarin
1 EL fein gehackte Petersilie
Meersalz
Pfeffer aus der Mühle

Tomatensauce

4 EL natives Olivenöl extra
1 große Zwiebel
4 Knoblauchzehen
1 roter Peperoncino/Pfefferschote
1 EL Tomatenpüree
1 TL Oreganopulver
700 g Pelati aus der Dose
1 Hand voll entsteinte schwarze Oliven
1/2 dl/50 ml Rotwein
Meersalz
Pfeffer aus der Mühle
2–3 Zweiglein Basilikum

SCHWERTFISCH IN DER KÜRBISKRUSTE

1 Die Fischstücke mit Zitronensaft beträufeln, 15 Minuten marinieren. Die Fischscheiben mit Küchenpapier trocken tupfen, mit Salz und Pfeffer würzen, leicht einreiben.

2 Den Kürbis auf der Röstiraffel oder in der Küchenmaschine raspeln.

3 Die Eier verquirlen, das Kürbisfleisch und die Petersilie dazugeben, mit Salz und Pfeffer würzen.

4 In einer Bratpfanne das Olivenöl erhitzen. Die Fischscheiben in der Kürbis-Ei-Masse wenden, vorsichtig in die Bratpfanne legen, bei mittlerer Hitze auf beiden Seite je 3 bis 4 Minuten braten, je nach Dicke der Scheiben. Mit Limonen- oder Olivenöl beträufeln.

Variante Für dieses Rezept eignen sich auch andere Fischarten mit festem Fleisch, z. B. Seeteufel, Thunfisch usw.

4 Schwertfischscheiben, je ca. 200 g
Zitronensaft
Meersalz
Pfeffer aus der Mühle
2 Freilandeier
ca. 300 g mehliges Kürbisfleisch
2 EL grob gehackte glattblättrige Petersilie
Meersalz
Pfeffer aus der Mühle
natives Olivenöl extra zum Braten
Limonenöl oder natives Olivenöl extra zum Beträufeln

RAGOUT MIT FARFALLE UND KREVETTEN

1 Die Schalotten schälen und fein hacken. Das Kürbisfleisch klein würfeln. Den Peperoncino längs aufschneiden, entkernen und in Streifchen schneiden.

2 Schalotten, Kürbis und Peperoncini im Olivenöl andünsten, mit Salz und Pfeffer würzen. Pinienkerne beifügen, bei kleiner Hitze 6 bis 8 Minuten dünsten, eventuell wenig Wasser oder Gemüsebrühe angießen. Die Krevetten beifügen, nochmals 1 bis 2 Minuten dünsten. Den Ricotta unterrühren.

3 Die Riesenkrevetten in einer Bratpfanne in wenig Olivenöl rund 4 Minuten braten.

4 Die Teigwaren in reichlich Salzwasser al dente kochen. Abgießen.

5 Die Teigwaren zum Kürbisragout geben, vermengen. Mit Olivenöl und Pfeffer abschmecken. Anrichten. Mit der fein geschnittenen Rucola und den Riesenkrevetten garnieren.

300 g Farfalle (Kravättli/ Schmetterlingsnudeln)

2 EL natives Olivenöl extra
2 Schalotten oder
1 kleine Zwiebel
400 g fruchtiges Kürbisfleisch
1 roter Peperoncino/ Pfefferschote
Meersalz
Pfeffer aus der Mühle
2 EL Pinienkerne
200 g rohe Krevetten/ Garnelen
2–3 EL Ricotta

8 ungeschälte Riesenkrevetten/-garnelen für die Garnitur
2–3 EL natives Olivenöl extra
1 Bund Rucola

KÜRBIS-LAUCH-QUICHE MIT SOJASPROSSEN

für ein Kuchenblech
von 28 cm Durchmesser
für 2–3 Personen als
Hauptmahlzeit
für 4–6 Personen als
Vorspeise

250 g Blätterteig oder
geriebener Teig

Belag
2 EL natives Olivenöl extra
200 g Lauch
250 g mehliges Kürbis-fleisch
150 g Sojasprossen
Kräutermeersalz
Pfeffer aus der Mühle
Curry nach Belieben

Guss
2 Freilandeier
1,5 dl/150 g Rahm/
süße Sahne
50 g geriebener
Parmesan
Pfeffer aus der Mühle

1 Den Lauch putzen, längs halbieren und in Streifen schneiden. Den Kürbis auf der Röstiraffel grob raspeln.

2 Lauch, Kürbis und Sojasprossen im Olivenöl 6 bis 8 Minuten dünsten, mit Kräutersalz, Pfeffer und nach Belieben mit Curry abschmecken. Abkühlen lassen.

3 Den Backofen auf 220 Grad vorheizen.

4 Den Teig rund ausrollen und in die Form legen. Mit einer Gabel einige Male einstechen.

5 Den Guss zubereiten, mit dem Gemüse vermengen, mit Pfeffer abschmecken. Die Gemüsemasse auf den Teigboden verteilen.

6 Die Quiche im vorgeheizten Backofen bei 220 Grad auf dem zweituntersten Einschub rund 30 Minuten backen.

Tipp Die Quiche ist zusammen mit einem Blattsalat eine komplette Mahlzeit.

KÜRBIS-PIE PROVENÇALE

für ein Kuchenblech von 26 cm Durchmesser
für 2–3 Personen als Hauptmahlzeit
für 4–6 Personen als Vorspeise

250 g Vollkornblätterteig oder
250 g geriebener Kuchenteig
2 EL natives Olivenöl extra
500 g mehliges Kürbisfleisch
wenig gehackter grüner Peperoncino/Pfefferschote, nach Belieben
1 EL fein gehackte Rosmarinnadeln
1 Zweiglein frischer Thymian, Blättchen abgezupft
Kräutermeersalz
Pfeffer aus der Mühle

Guss
3 Freilandeier
1,2 dl/120 g Rahm/süße Sahne
120 g geriebener Käse, z. B. Parmesan oder Sbrinz
Paprikapulver
geriebene Muskatnuss
Pfeffer aus der Mühle
Meersalz

1 Das Kürbisfleisch klein würfeln, zusammen mit den Peperoncini und den Kräutern im Olivenöl einige Minuten dünsten. Würzen. Abkühlen lassen.

2 Den Backofen auf 180 Grad vorheizen.

3 Den Teig rund ausrollen, in das eingefettete Kuchenblech legen. Mit einer Gabel ein paar Mal einstechen.

4 Das Kürbisgemüse auf den Teigboden verteilen, den Guss darüber gießen.

5 Die Kürbis-Pie im vorgeheizten Backofen bei 180 Grad auf dem zweituntersten Einschub rund 30 Minuten backen.

KÜRBIS-KÄSESCHNITTEN

für ein rechteckiges Backblech
für 6 Personen als Hauptmahlzeit

2 große Freilandeier
2 EL Crème fraîche
150 g geriebener Käse, z. B. Greyerzer Käse
2 TL grobkörniger Senf
2 EL natives Olivenöl extra
150 g Vollkornmehl
30 g Maismehl
1/2 TL phosphatfreies Backpulver
600 g mehliges Kürbisfleisch
1 kleine Zwiebel
3 Knoblauchzehen
1 rote Peperoni/Paprikaschote
2–3 Zweiglein Basilikum
1/2 Bund Petersilie
1/2 TL Meersalz
Pfeffer aus der Mühle
1 Prise Cayennepfeffer

1 Den Backofen auf 220 Grad vorheizen.

2 Das Kürbisfleisch auf der Röstiraffel grob raspeln. Die Zwiebel und die Knoblauchzehen schälen und fein hacken. Die Peperoni halbieren, den Stielansatz und die Kerne entfernen, die Fruchthälften klein würfeln. Die Basilikumblätter in feine Streifen schneiden. Petersilie fein hacken.

3 Eier, Crème fraîche, Käse, Senf und Olivenöl in einer Schüssel verrühren. Mehl, Maismehl und Backpulver mischen, mit der Käsemischung vermengen. Kürbisfleisch, Zwiebeln, Knoblauch, Peperoni und Kräuter unterrühren. Mit Salz, Pfeffer sowie Cayennepfeffer abschmecken.

4 Die Kürbismasse auf einem mit Backpapier belegten rechteckigen Blech ausstreichen.

5 Den Kürbiskuchen im vorgeheizten Backofen bei 220 Grad 30 bis 35 Minuten backen. Vor dem Anschneiden auskühlen lassen (im warmen Zustand zerfällt der Kuchen). Den Kürbiskuchen in Rechtecke schneiden. Mit Salat servieren.

Tipp Der Kuchen eignet sich auch als Vorspeise oder Zwischenverpflegung.

KÜRBISPIZZATEIG

für 4 Pizzas

350 g Dinkel- oder Weizenruchmehl/Mehltype 1050
1 TL Meersalz
1 Hefewürfel (42 g)
1 TL flüssiger Honig
1 EL natives Olivenöl extra
350 g abgetropftes Kürbispüree, Seite 25 ff.

1 Das Mehl und das Salz in einer Schüssel mischen. Die zerkrümelte Hefe mit dem Honig verrühren, zusammen mit dem Olivenöl und dem Kürbispüree zum Mehl geben, das Ganze zusammenfügen und den Teig auf der Arbeitsfläche kneten, rund 10 Minuten. Oder den Teig in der Küchenmaschine kneten.

2 Den Teig in eine Schüssel legen, zugedeckt bei Zimmertemperatur 30 Minuten gehen lassen.

3 Den Teig nochmals kneten, vierteln und Rondellen ausrollen. Nach Belieben belegen.

MEDITERRANE KÜRBIS-ZIEGENKÄSE-QUICHE

für ein Kuchenblech von 26–28 cm Durchmesser
für 2–3 Personen als Hauptmahlzeit
für 4–6 Personen als Vorspeise

250 g Blätterteig oder geriebener Teig

Füllung
150 g Ziegenfrischkäse
2 Freilandeier
1 dl/100 ml Weißwein oder Rahm/süße Sahne
2 EL natives Olivenöl extra
500 g gut abgetropftes mehliges Kürbispüree, Seite 25 ff.
100 g geriebener Greyerzer Käse oder Pecorino
3 EL Vollkornmehl
wenig fein gehackter roter Peperoncino/ Chilischote
2–4 fein gehackte getrocknete Tomaten
1/2 Bund frischer Thymian, gehackt
1 Zweiglein Rosmarin, Nadeln abgestreift und fein gehackt
1 Bio-Zitrone, abgeriebene Schale
Kräutermeersalz
Pfeffer aus der Mühle
geriebene Muskatnuss
Paprikapulver

schwarze Oliven
Rosmarinzweiglein oder Olivenblätter

1 Den Teig rund ausrollen und in das Blech legen. Mit einer Gabel ein paar Mal einstechen.

2 Den Backofen auf 180 Grad vorheizen.

3 Für die Füllung Ziegenfrischkäse, Eier, Weißwein oder Rahm, Kürbispüree und Olivenöl verrühren. Greyerzer Käse, Mehl, Peperoncini, Tomaten, Kräuter und Zitronenschale unterrühren. Würzen. Die Kürbismasse auf den Teigboden verteilen.

4 Die Quiche im vorgeheizten Backofen bei 180 Grad auf zweitunterstem Einschub rund 40 Minuten backen. Mit Oliven und Rosmarin garnieren.

PIKANTE KÜRBIS-MAIS-MUFFINS

1 Den Backofen auf 220 Grad vorheizen.

2 Die Förmchen mit Butter einstreichen.

3 Eier, Crème fraîche und Olivenöl gut verrühren. Kräuter und Kürbispüree unterrühren. Maisgrieß, Mehl, Backpulver und Salz vermengen, unter die Kürbismasse rühren. Oliven, Speckwürfelchen, Zwiebeln sowie Zitronenschalen unterrühren, mit Pfeffer abschmecken. Den Teig in die vorbereiteten Förmchen füllen.

4 Die Muffins im vorgeheizten Backofen bei 220 Grad auf mittlerem Einschub 25 bis 30 Minuten backen. Nadelprobe machen.

Tipp Die Muffins noch lauwarm zu Salat oder zum Aperitif servieren. Sie können auch als Brotersatz zu einer Mahlzeit serviert werden.

Backförmchen Die Muffins in Papierförmchen backen. Für eine schöne Form 3 Papierförmchen ineinander legen.

Kürbissorte Bei Verwendung eines eher wässrigen Kürbis das Püree gut abtropfen lassen.

für 12 Muffins

3 Freilandeier
200 g Crème fraîche
4 EL natives Olivenöl extra
1 TL fein gehackte Salbeiblätter
1 TL fein gehackte Rosmarinnadeln
1 EL fein gehackte Petersilie
250 g abgetropftes Kürbispüree, Seite 25 ff.
350 g feiner Maisgrieß
75 g Vollkornmehl
2 TL phosphatfreies Backpulver
1 TL Meersalz
1 Hand voll gehackte schwarze Oliven, nach Belieben
80 g Speckwürfelchen
1 kleine, fein gehackte Zwiebel
1 Bio-Zitrone, abgeriebene Schale
Pfeffer aus der Mühle

KÜRBISTORTE MIT SCHOKOLADE

1 Das Kürbisfleisch auf der Bircher-Rohkostreibe oder in der Küchenmaschine fein reiben (von Hand ausdrücken). Die Schokolade ebenfalls fein reiben. Die Eier trennen, das Eiweiß zu steifem Schnee schlagen.

2 Den Backofen auf 220 Grad vorheizen.

3 Den Boden und den Rand der Springform mit Butter einfetten. Den Boden mit Weizengrieß oder geriebenen Mandeln bestreuen.

4 Mehl, Backpulver, Zimt, Salz, Orangenschalen sowie Schokolade mischen.

5 Eigelb, Honig und Cointreau mit dem Schneebesen oder mit dem Handmixer luftig aufschlagen. Butter und Kürbis unterrühren. Das Mehlgemisch und den Eischnee abwechslungsweise unterziehen. Den Teig in die Form füllen und glatt streichen. Die Pinienkerne und den Zucker darüber streuen.

6 Die Kürbistorte im vorgeheizten Backofen bei 220 Grad auf zweitunterstem Einschub 30 bis 35 Minuten backen. Nadelprobe machen. Die noch warme Torte mit Puderzucker bestäuben. Vor dem Anschneiden einen Tag ruhen lassen.

für eine Springform von 26 cm Durchmesser

3 Freilandeier
4 EL Akazienhonig
1 EL Cointreau oder Grand Marnier
180 g weiche Butter
300 g fruchtiges Kürbisfleisch
180 g Dinkelruchmehl/Mehltype 1050 oder -vollkornmehl
2 TL phosphatfreies Backpulver
1 TL Zimtpulver
1 Prise Meersalz
1 Bio-Orange, abgeriebene Schale
100 g dunkle Schokolade

Belag
2 EL Pinienkerne
2 EL feiner Vollrohrzucker

WÜRZIGE PUMPKIN-PIE

für 8 Pieförmchen

250 g Mürbeteig

Füllung
3 Freilandeier
1,8 dl/180 g Rahm/ süße Sahne
½ dl/50 ml Milch
2 EL Kirsch
4 EL flüssiger Honig
300 g Kürbispüree, *Seite 25 ff.*
1 TL Zimtpulver
1 Msp Nelkenpulver
½ TL fein geriebener Ingwerwurzel
1 Bio-Orange, abgeriebene Schale

1 Den Backofen auf 180 Grad vorheizen.

2 Die Förmchen einbuttern. Den Teig dünn ausrollen, 8 Rondellen ausstechen, in die Förmchen legen.

3 Eier, Rahm, Milch, Kirsch und Agavendicksaft verrühren, das Kürbispüree und die Gewürze unterrühren.

4 Die Kürbismasse in die Förmchen gießen.

5 Pies im vorgeheizten Backofen bei 180 Grad auf dem zweituntersten Einschub rund 30 Minuten backen. Nadelprobe machen. Lauwarm servieren.

KÜRBIS-TARTE

für eine Tarte von 28 cm Durchmesser

250 g Vollkornblätterteig
150 g gehackte Baumnüsse/Walnüsse

Füllung
3 Freilandeier
2 Eigelbe von Freilandeiern
50 g feiner Vollrohrzucker
1 dl/100 ml Ahornsirup
500 g Kürbispüree, *Seite 25 ff.*
1,8 dl/180 g Rahm/ süße Sahne
2 EL Maisstärke
½ TL Zimtpulver
½ TL Ingwerpulver oder frisch geriebene Ingwerwurzel

1 Den Backofen auf 180 Grad vorheizen.

2 Für die Füllung Eier, Eigelbe, Zucker und Ahornsirup verquirlen. Kürbispüree, Rahm, Maisstärke und Gewürze unterrühren.

3 Den Teig auf Blechgröße ausrollen, in die Form legen, mit einer Gabel ein paar Mal einstechen. Für kleine Formen den Teig dünn ausrollen, Rondellen in der entsprechenden Größe ausstechen und in die Förmchen legen. Die Nüsse auf den Teigboden verteilen. Die Kürbisfüllung in die Form/ Förmchen gießen.

4 Die Tarte im vorgeheizten Backofen bei 180 Grad auf mittlerem Einschub rund 45 Minuten backen. Tartelettes rund 30 Minuten backen.

5 Die noch warme Tarte nach Belieben mit Ahornsirup beträufeln und mit Kürbiskernen bestreuen.

KÜRBIS-DATTEL-MUFFINS

für 12 Muffins

150 g weiche Butter
150 g Vollrohrzucker
2 Freilandeier
180 g Vollkornmehl
150 g geriebene Mandeln
1 TL phosphatfreies Backpulver
½ TL Vanillepulver
1 TL Zimtpulver
½ Msp Ingwerpulver
80 g entsteinte, gehackte Datteln
abgeriebene Schale einer Bio-Orange
230 g fruchtiges Kürbisfleisch

1 Das Kürbisfleisch auf der Bircher-Rohkostreibe fein reiben. Die Backförmchen mit Butter einfetten.

2 Die Butter mit dem Zucker luftig aufschlagen, nach und nach die verquirlten Eier dazugeben. Die restlichen Zutaten – ohne den Kürbis – vermengen, unter die Buttermischung rühren. Das geriebene Kürbisfleisch dazugeben, vermengen. Den Teig in die vorbereiteten Backförmchen füllen.

3 Die Muffins im vorgeheizten Backofen bei 180 Grad auf mittlerem Einschub 25 bis 30 Minuten backen. Nadelprobe machen. Die Muffins aus den Förmchen nehmen, mit Puderzucker bestäuben.

SÜSSE KÜRBISPIE MIT MARRONI

für ein Kuchenblech von 26 cm Durchmesser
für 8 Portionen

250 g Blätterteig
200 g grob gehackte Kastanien aus dem Glas (Reformhaus)

Füllung
4 Freilandeier
1,8 dl/180 g Rahm/süße Sahne
150 g Birnendicksaft
400 g Kürbispüree aus einer mehligen Sorte, Seite 25 ff.
1 TL Zimtpulver
je 1 Prise Kardamompulver, Nelkenpulver, Meersalz
1 kleines Stück Ingwer
150 g Kastanien aus dem Glas (Reformhaus)

1 Den Backofen auf 200 Grad vorheizen.

2 Den Teig rund ausrollen und in ein eingefettetes Backblech legen. Mit einer Gabel mehrmals einstechen. Die grob gehackten Kastanien auf den Teigboden verteilen.

3 Eier, Rahm und Birnendicksaft gut verrühren. Kürbispüree und Gewürze unterrühren. Den Ingwer schälen und auf der Bircher-Rohkostreibe dazu reiben. Die Kürbismasse in die Form gießen. Mit den ganzen Kastanien belegen.

4 Die Kürbispie im vorgeheizten Backofen bei 200 Grad 45 bis 50 Minuten backen.

Tipp Den Kuchen mit Schlagrahm/Schlagsahne garnieren und mit Zimtzucker bestreuen.

KÜRBISKRAPFEN

1 Das Kürbisfleich in ca. 15 mm große Würfel schneiden, im Dampf knackig garen, 4 bis 6 Minuten. Die Kürbiswürfel dürfen nicht zerfallen.

2 Akazienhonig, Zitronen- und Orangensaft, Gewürze und Cointreau in einer Schüssel verrühren. Die Kürbiswürfel zur Marinade geben, gut vermengen, 3 Stunden marinieren. Ab und zu schütteln.

3 Für den Teig Mehl und Gewürze mischen. Apfelsaft, Öl und Eigelb dazugeben, zu einem glatten Teig rühren. 30 Minuten ruhen lassen. Das Eiweiß zu Schnee schlagen und unterziehen.

4 Die Kürbiswürfel in einem Sieb abtropfen lassen.

5 Das Frittieröl erhitzen. Die Kürbiswürfel portionsweise durch den Ausbackteig ziehen, einen nach dem andern in das Öl gleiten lassen, 3 bis 4 Minuten frittieren. Die Krapfen mit einem Schaumlöffel herausnehmen, auf Küchenpapier abtropfen lassen.

Tipp Mit Puderzucker bestäuben oder mit Zimtzucker bestreuen oder mit Akazienhonig beträufeln.

350–400 g fruchtiges Kürbisfleisch
3 EL Akazienhonig oder Ahornsirup
1 Zitrone, Saft
1 Orange, Saft
1/2 TL Zimtpulver
1/2 TL Ingwerpulver
1 EL Cointreau

Ausbackteig
80 g Vollkorn- oder Dinkelruchmehl/ Mehltype 1050
1 Prise Meersalz
1/2 TL Zimtpulver
1 Prise Vanillepulver
1,25 dl/125 ml Apfelsaft oder helles Bier
1/2 EL neutrales Öl
1 Freilandei

Olivenöl zum Frittieren

KÜRBIS-QUARK-PARFAIT MIT ORANGEN

6 Portionen

3 Eigelbe von Freilandeiern
3 EL Akazienhonig
1 EL Grand Marnier
1 Bio-Orange, abgeriebene Schale
½ TL Ingwerpulver
100 g Vollmilchquark
120 g trockenes Kürbispüree, Seite 25 ff.
1,8 dl/180 g Rahm/ süße Sahne

Orangenfilets für die Garnitur
Pfefferminze für die Garnitur

1 Eigelbe, Honig und Grand Marnier mit dem Schneebesen oder mit dem Handmixer luftig aufschlagen. Sämtliche Zutaten – ohne den Rahm – dazugeben und glatt rühren. Den Rahm steif schlagen und unterziehen.

2 Die Kürbismasse in Portionenförmchen füllen, im Tiefkühler fest werden lassen, 2 bis 3 Stunden.

3 Die Förmchen in heißes Wasser tauchen, das Parfait auf Glasteller stürzen. Mit Orangenfilets und Pfefferminze garnieren.

KÜRBIS-QUARKPARFAIT MIT ZIMT UND INGWER

½ l Milch
1 TL Zimtpulver
1 Msp Ingwerpulver
4 Freilandeier
4 EL Akazienhonig
200 g süßes Kürbispüree, Seite 25 ff.
1 Zitrone, Saft
½ l/500 g Rahm/ süße Sahne

1 Die Milch mit dem Zimt und dem Ingwer aufkochen.

2 Die Eier mit dem Honig luftig aufschlagen, die heiße Milch unter ständigem Rühren zur Eiermasse geben, abkühlen lassen, ab und zu rühren. Das Kürbispüree und den Zitronensaft unterrühren. Den Rahm steif schlagen und unterziehen.

3 Die Parfaitmasse in einer geeigneten Tiefkühldose im Tiefkühler fest werden lassen.

4 Von der Parfaitmasse mit dem Eisportionierer Kugeln abstechen und in hohen Gläsern oder Dessertschalen anrichten.

Abbildung Seite 24

KÜRBISMÄRKTE/ KÜRBISAUSSTELLUNGEN

H. + R. Burren
Burrens Burehofmärit
3173 Liebewil
Tel. 031 889 05 82
www.farmmarket.ch
burrens@bluewin.ch
Mitte September bis Ende Oktober,
Kürbisfest Mitte Oktober

B. + Chr. Tschanz
Brunnenhof
3629 Oppligen
Tel. 031 781 23 51
www.brunnenhof.ch
info@brunnenhof.ch
Ende August bis Ende Oktober,
Bettagwochenende: Markt mit diversen Ausstellern

E. + T. Mathis
Brändelistal-Hof
4103 Bottmingen
Tel. 061 421 14 57
Ende August bis Mitte November,
zweitletztes Wochenende im September
großes Kürbisfest

R. + K. Brunner
Sevogelstrasse 1
4132 Muttenz
Tel. 061 461 45 76
www.kuerbisegge.ch
Anfang September bis Ende November

U. + R. Weyeneth-Uebelhart
Kesslergasse 30
Brunnmatt
4571 Lüterkofen
Tel. 032 677 24 51
www.weyeneth.com
info@weyeneth.com
Mitte August bis Ende Oktober **(Kürbislabyrinth)**, zweitletztes Wochenende im Oktober grosses Kürbisfest

Michael Studer
Kreuzplatz 13
4618 Boningen
Tel. 062 216 38 35
www.kuerbisfestival.ch
michael-studer@bluewin.ch
letztes Wochenende im September
Kürbisfestival

M. + H. Hunziker
Feldhof 27
5054 Moosleerau
Tel. 062 726 01 97
www.hunzi.ch/feldhof
anfangs September bis Mitte November

B. + G. Hufschmid
Niederwilerstrasse 21
5524 Nesselnbach
Tel. 056 622 18 47
www.dorfschuer.ch
Kürbismarkt: jeweils Mitte September

C. + A. Schellenberg
Salenstrasse
8162 Steinmaur
Tel. 01 854 01 79
www.kuerbisland.ch
info@kuerbisland.ch
Mitte September bis Ende Oktober,
Kürbisfest letztes Wochenende
im September

Jucker Farmart AG
Dorfstrasse 9
8607 Seegräben
Tel. 01 934 34 84
www.juckerfarmart.ch
Kürbis-Mekka, anfangs September bis Ende Oktober, **größte Kürbisausstellung der Welt in D-Ludwigsburg**

Huber & Mathys
Birmensdorferstrasse 150
8902 Urdorf
Tel. 01 491 60 42
mathys@uitikon.ch
Mitte September bis anfangs November

J.-J. + M. Duperrex
Stöckweid
8934 Knonau
Tel. 01 767 03 17
www.stoeckweid.ch
Mitte September bis Ende Oktober, Kürbisfest eine Woche nach Bettag

Fun City
In der Habis-Halle
Waldau 1
9230 Flawil
www.kartbahnflawil.ch
info@kartbahnflawil.ch
Fantastische Kürbis-Welt,
Mitte September bis Ende Oktober, täglich ab 14 Uhr

kürbis-club.ch

Der kürbis-club.ch wurde 1992 mit dem Ziel gegründet, regelmäßige Treffen für Kürbis-Interessierte zu veranstalten und damit einen Austausch von Wissen und Erfahrungen zu ermöglichen. Zu den Hauptaktivitäten zählt eine jährliche Sammelbestellung für Samen mit einer sehr breiten und vielfältigen Auswahl von über 300 Sorten. Die Liste mit den in der ganzen Welt ausgesuchten Sorten wird an die Mitglieder verschickt. Ferner findet Mitte Mai eine Setzlingsbörse und Mitte September ein kommentierter Besuch in einem Kürbis-Garten oder -Feld statt. Nebst diesen institutionalisierten Anlässen werden die Mitglieder über Neuerscheinungen von Büchern informiert und es wird ihnen die Möglichkeit gegeben, an verschiedenen Kulturveranstaltungen im Zusammenhang mit der Natur teilzunehmen, z. B. Ausstellungen im Naturhistorischen Museum Basel oder im Botanischen Garten usw. Die Mitgliedschaft ist kostenlos.

kürbis-club.ch
c/o Naturhistorisches Museum
Augustinergasse 2
CH-4001 Basel
Tel. +41 61 266 55 78
Fax +41 61 264 80 34
www.kuerbis-club.ch

AROMATISIERTES OLIVENÖL

Die in den Rezepten verwendeten aromatisierten Olivenöle (Mandarinen-, Orangen-, Grapefruit- und Zitronenöl) sowie natives Olivenöl extra in Bio-Qualität sind in der Schweiz im Postversand bei Le delizie di Capua, Bonefro, Nicola di Capua, 8424 Embrach, erhältlich; Telefon 01 865 29 29, Fax 01 865 70 80. Für die exklusiven aromatisierten Öle werden biologische Zitrusfrüchte und Nostrano-Olivenfrüchte aus den Abruzzen in traditionellen Steinmühlen zusammen gepresst und unfiltriert abgefüllt.

KÜRBISMÄRKTE/ KÜRBISAUSSTELLUNGEN

Großer Spreewaldhafen Lübbenau
Dammstraße 77a
03222 Lübbenau / Spreewald
Tel. 0 35 42 / 22 25
www.kuerbismarkt.de
mail@grosser-spreewaldhafen.de
1. Freitag und Samstag im Oktober
Spreewälder Kürbismarkt und
Lübbenauer Bockbierfest

Institut für Kunst und Handwerk im LIW e.V.
Am Klostersee 12b
14797 Lehnin
Tel. 0 33 82 / 73 41 00
www.liw-lehnin.de, mail@liw-lehnin.de
Letztes Wochenende im September
Internationales Kürbisfest

Der kleine Kürbisgarten, Gerd Mossner
Im Himmel 15
26180 Rastede
Tel. 0 44 02 / 513 59
www.kuerbis.net, info@kuerbis.net
Besichtigung nach Voranmeldung Mitte
August bis Ende Oktober Kürbisgarten
und Kürbispyramiden

Fam. Bender, Ringstr. 41
35410 Hungen – Villingen
Tel. 06402 / 79 21
www.kunstundkuerbis.de
info@kunstundkuerbis.de
Mitte September Kunst und Kürbistag

Kürbiserie, K. L. Vogler & E. M. Vogler
Falltorstraße 19
35440 Linden
Tel. 0 64 03 / 71 276
www.kuerbiserie.de, info@kuerbiserie.de
September und Oktober, dienstags und
donnerstags

Arno Diedrich
Auf der Bauwende 12
37115 Duderstadt
Tel. 055 27 / 94 24 58
www.alles-in-kuerbis.de
arno-diedriech@gmx.de
Ende August bis Mitte Oktober Riesen-
kürbisausstellung «Alles in Kürbis» auf der
Talwiese / August Werner Allee

Hof Nixberg Pflanzencenter
Hof Nixberg
41352 Korschenbroich – Lüttenglehn
Tel. 0 21 82 / 5 08 10
www.hof-nixberg.de, info@hof-nixberg.de
Mitte bis Ende September Große Zier-
kürbisausstellung
Fam. Spix
Kohnacker
41542 Nievenheim / Dormagen
www.kuerbisausstellung.com
info@kuerbisausstellung.com
Mitte September bis Ende Oktober jeden
Samstag und Sonntag Unsere große
Kürbisfarm

Hof Schäfer, Dingden-Berg
Borkener Straße 12
46499 Hamminkeln
Tel. 0 28 56 / 4 63
www.hof-schaefer.de, info@hof-schaefer.de
3. Wochenende im September Kürbis-
ausstellung

Verkehrsverein Neuenkirchen
Villa Hecking
Alphons-Hecking-Platz
48485 Neuenkirchen
Tel. 0 59 73 / 54 54
www.neuenkirchen.de
verkehrsverein@neuenkirchen.de
erstes Wochenende im Oktober
Neuenkirchener Kürbisfestival

FLOVEG GmbH / Abt. Kürbis
Zur Bauernsiedlung 5
50354 Hürth
Tel. 022 33 / 949 94 31
www.kuerbis-company.de
amay@kuerbis-company.de
Alles rund um den Kürbis

Monschau-Touristik
Stadtstraße 1
52156 Monschau
Tel. 0 24 72 / 804 80
www.monschau.de, touristik@monschau.de
letztes Wochenende im Oktober
Happy Halloween

Krieger's Gärtnerhof
Schloßstraße 2
52379 Langerwehe
Tel. 0 24 23 / 15 30
www.biokrieger.de, info@biokrieger.de
Letztes Wochenende im September,
Meroder Kürbismarkt

Goldgrund, Stefan Heckelmann
Sportfeldstraße 7
65597 Hünfelden-Nauheim
Tel. 0178 / 787 29 11
www.goldgrund.de, info@goldgrund.de
Ende September Nauheimer Kürbiswelten
und Kürbis (er-)leben

Howy's Kürbisland, Daniel Tersteegen
Neustraße
65597 Hünfelden-Nauheim
Tel. 0179 / 49 20 659
www.howys-kuerbisland.de
gehdochnachhause@hotmail.com
Anfang August bis Ende November
Kürbisausstellung

Pauls Bauernhof
Rathausstraße 5
65719 Hofheim-Wallau
Tel. 0 61 22 / 137 61
www.pauls-bauernhof.de
info@pauls-bauernhof.de
1. Sonntag im September Kürbisfest und
Wettbewerb «Wer erntet den größten
Kürbis?»

Biolandhof Bodemer
Königstraße 31/1
71139 Ehningen
Tel. 0 70 34 / 75 02
www.biohofbodemer.de
info@biohofbodemer.de
1. und 2. Wochenende im September
(Do – So) Kürbisfest

Jucker Farmart AG
Dorfstraße 4
CH-8607 Seegräben
Tel. (+)41 1 / 934 34 84
www.juckerfarmart.ch
Ende August bis Anfang November Weltgrößte Kürbisausstellung in 71640 Ludwigsburg im Rahmen des Blühenden Barocks, www.blueba.de, info@blueba.de

Wally und Ulrich Loock
Sickertshofen Nr. 2
85247 Schwabhausen
Tel. 0 81 38 / 925 22
www.kuerbis-paradies.de
W.Loock@web.de
letztes Wochenende im September
Kürbisfest «Kunst & Kürbis»

AROMATISIERTES OLIVENÖL

Die in den Rezepten verwendeten aromatisierten Olivenöle (Mandarinen-, Orangen-, Grapefruit- und Zitronenöl) sowie natives Olivenöl extra in Bio-Qualität sind in der Schweiz im Postversand bei Le delizie di Capua, Bonefro, Nicola di Capua, 8424 Embrach, erhältlich; Telefon (+)41 1 / 865 29 29, Fax (+)41 1 / 865 70 80.